U0041055

法老王傳奇

埃及古文明、神殿、木乃伊、撒哈拉、尼羅河神秘傳說全導覽

吳駿聲————著

自序

埃及的迷人像中了毒

很久以前曾經聽過一句話：「埃及像一條毒蛇！只要被它咬一口，終生解不了毒……」10多年前第一次出國就到了埃及，那時沒作任何功課，就兩個肩膀扛著一張嘴，去到一個陌生的地方。埃及的導遊雖然會說華語，但解說起景點來，如同隔靴搔癢，抓不到癢處！一趟旅程下來只知道埃及很迷人（單指古代文明），可是迷人之處在哪裡？為什麼？卻說不上來。這時卻激發我想一探究竟，埃及的毒性開始發作了……。

那時剛好結束了一份工作，存了一些錢，於是開始專心一致的讓埃及病毒蔓延。10多年前網路尚未發達，埃及的書籍又不多，加上外語程度不怎麼理想，所以收集資料特別辛苦，有時好不容易從中央圖書館，一頁頁影印回來的資料，回家一看才知道不是英文的，翻譯起來吃足了苦頭。等到自以為準備好了，再去一次埃及時，本以為可以找到解藥，卻沒想到反而使毒性更強了。

原來是資料和現實矛盾太多，原因是我們求知的一個盲點，以為一個解釋可以買用一個現象，這種情形在埃及不太適用的理由是，埃及不是「盤古開天地、三皇五帝到如今」，而是有四套「神學系統」，加上各地說法不一。一個鷹首人身的古代神明，就有好多不同的稱呼。兩個不同的神明，有時是

母子有時又是夫妻。加上古代埃及不重視文字紀錄，所以造成後世的混亂。因此懇請讀者閱讀本書的時候，能放鬆心情，抱著一個遊客的角度，來領略迷人的埃及，就可以了。

這份紀錄，原是筆者帶團的私人筆記，數十次的故地重遊之中，不斷的增加內容，以及各大博物館珍貴的照片而成，但我相信因為自己的偏見以及盲點，還有篇幅所限，無法把時間、地區、演變說得一清二楚，但我希望將10多年的淺薄經驗告訴大家，配合上「景點地圖」以及其他圖說，讓你知道到了現場可以在哪裡、看什麼？以及為什麼？讓你去一次埃及能滿足而歸，或者能盡量的神遊埃及這個迷人的地方。

最後我想把這份小成果，獻給天上的母親，是她一直放任我做自己想做的事，並且資助我完成筆記，真希望她能拿著這本書，去送給她的牌友。也感謝天主！安排我在這裡的成長，並且從這裡有了事業和家庭，讓我和我的拙荊羅明娟小姐，在埃及文物展中認識，並且在聖誕夜中，在頒布《十誡》的埃及西奈山上，求婚成功。還有許多埃及的朋友，珊娜、哈立德、阿撒姆、老虎等人的幫助。

目錄

緒論

埃及，就在你眼前

幽幽流淌的尼羅河，在五千年前孕育出神秘的埃及文明，埃及在母親河的支持下，曾經豎立過不可思議的金字塔，建築起巨大的神廟；也曾經使得農業興盛、富甲一方，進而出兵威震西亞……悠長的尼羅河也曾靜靜陪伴人們，度過強權紛至沓來的欺凌，和窮愁潦倒的日子。如今的尼羅河也見證埃及即將展開嶄新的一頁！

埃及這個國家，擁有亞洲和非洲的領土，是世上少數跨越兩洲，而且得天獨厚的國家。雖然境內有 95% 的面積是沙漠地區，但一條尼羅河和另一條蘇伊士運河，卻為埃及帶來文明和財富！因為只要歐洲的貨物想運到東方，蘇伊士運河就是必經之路，因此每個月能為國家帶來上億美金「過路費」的收入。而尼羅河更不用說，是埃及的生命線，不然埃及全境都是沙漠。

▌天造地設的尼羅河文明

泥土沖刷上岸，有利
於農業種植。

在 3 千年前……航海技術發展以前，埃及的地形非常封閉，東西兩方面有浩瀚的沙漠，北有地中海的阻隔，西亞文明地區的武力不易進入，而尼羅河的存在，不僅帶來人類賴以存在的水源，更因為每年定期的氾濫，將河床上的泥土沖刷上岸。這種被沖上陸地的泥土，稱為「凱麥特」（Kemet），非常有利於農業的種植。西元前五世紀時，「歷史之父」——希羅多德（Historia，希臘籍），在他的 Historia《歷史》一書中，是這樣形容埃及農夫的輕鬆：……氾濫之後農夫只要把種子撒一撒，把豬趕到田中將種子踏進土中之後，就可以回家睡覺了。

由於安全的環境、輕鬆的生活，所以在這裡很

↘ 史前文物

早就有了文明產生，舉個例子：當埃及第四王朝在興建金字塔時，中國黃河流域尚是傳說的黃帝軒轅氏。但是很遺憾的是……古代埃及人沒有系統紀錄事務的習慣，從第一王朝開始的近二千年後，在希臘人所建立的「托勒密王朝」時，才在托勒密一世法老（Ptolemaic I）的命令之下，由一位祭司──曼涅托（Manetho）以希臘文，整編完成首部的「埃及史」。可是西元前47年，羅馬的凱撒大帝（Jules Cesar）焚毀了「亞歷山大圖書館」，連帶毀損了這部歷史，雖然有史書上紀錄：「埃及豔后整理回七萬卷文件」，其中有多少是史料紀錄？也不可知……因為這也是一段文字紀錄而已……。

根據曼涅托的斷簡殘篇中紀錄：他把埃及劃分為30個王朝（或31個）再粗分為三個時期，稱為：古王國時代、中王國時代、新王國時代。但怎麼對應在我們熟知的紀元時間？曾經令學者傷透了腦袋……幸好有次學者在偶然間發現，有份象形文書紀錄著：第十二王朝的塞努瑟特三世（Senusert III）即位的第七年，有個天狼星與太陽同時升起的天文景象。於是學者串聯天文科學家的推算，確定那是西元前1872所發生的事。這個結果讓茫然的學者們終於找到渴求已久的立基點！新埃及史就以這個西元前1872年為基點，上推下敲，並且考察無數石碑、石表，尤其是位於「阿拜多斯」塞提一世神殿內的《歷代法老王表》，才重新譜寫今天我們看到的埃及30王朝年表；及諸位法老的順位。可是關於「年分」的事，各個權威的說法不太一樣，因此存

◆ 歷代法老王表

在著些微的差異，讀者也不必太過講究。

▍曙光乍現的古王國時期

發現了銅，使埃及很早就脫離石器時代，進入金屬時代。

　　是指第一王朝至第六王朝之間，大約 1020 年的時間。肥沃的尼羅河谷地因為容易生活，人們開始聚集逐漸形成部落，之後演化成上埃及與下埃及兩大勢力集團。根據傳說：距今 5100 年左右，位於南方上埃及的米尼茲王（Menes），統一了上下埃及，並且建都於今天開羅的西南方的孟斐斯。事實上就目前考古發現，那摩爾（Narmer）才是埃及的第一位共主。這是根據一塊那摩爾石板的圖案所論斷。（那摩爾王一面戴著上埃及王冠；另一面戴

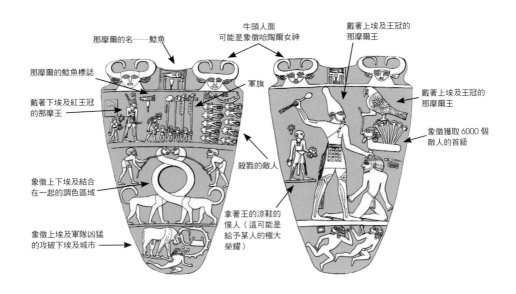

「那摩爾石板」示意圖

著下埃及王冠）

　　這個時間重要的事情有：發現了銅，使埃及很早就脫離石器時代，進入金屬時代。還有波希本（Persiben）與卡塞坎姆（khasekhem）兩大集團的相爭，這段歷史演化成埃及非常有名的神話故事——荷魯斯與塞特之戰（第二王朝末）。以令第三王朝占領西奈半島的戰爭、第四王朝建築金字塔的年代、第五王朝烏塞爾夫王（Userkaf），開始以太陽為神的崇拜等等，為我們現代對埃及的印象，打下一個基礎。

■ 朕即國家的中王國時期

削弱諸侯勢力、統一國家步調、重立法老威望。

　　第六王朝結束後，在七～十王朝時，埃及有長達 250 年的混亂，史家稱為「第一中間期」。2375BC（西元前）門圖荷太普二世（Mentuhotep）法老再度統一埃及，開始第十一王朝的時代。這段 575 年的時間，當權者著重於整頓國內諸侯、統一國家步調、以及重立法老威望，並且挖運河、修堤壩、建設蓄水設備等，這些工程不僅消耗諸侯的實力，更進一步的增強農業的生產力。在此之後，埃及向南征服了努比亞地區，取得當地長期的黃金供應，以及大量的傭兵，埃及的武力和商業開始伸向西亞。

　　可是到了十四王朝，國家又再度分裂、南北對抗……北方政府為了戰爭所需，不斷的向一些寄居在其土地上的其他少數民族，索取不當的物資與人力，終於使得原本寄居於三角洲的亞洲遊牧民族——西克索人（hyksos）的武裝反抗。雖然他們是少數人口，但是西克索人引進亞洲的新式戰爭觀念與裝備（裝甲與戰車）讓本來就外強中乾的埃及人不堪一擊，因而結束了埃及的中王國時代。

▍亞洲顫慄的新王國時期

埃及的鼎盛時期，疆域之大，空前絕後！

　　西克索人統治北方 219 年的年代，十五～十七王朝，史稱「第二中間期」。南方的埃及人從他們的身上學到了青銅、音樂、武裝等技術，對將來埃及之後以武力擴張領土，有著極大的幫助。驅逐西克索人之後，到了十八、十九王朝，相當於中國商代中期的時間，是古埃及最鼎盛的時代，也是人們最津津樂道的時間點。疆域之大，空前絕後！埃及帝國因戰事盛極一時，但也因戰爭而衰落。

　　這裡有很多知名的法老王，例如：女性法老──哈特謝普蘇特（Hatsheput Queen）、埃及的拿破崙──圖特摩斯三世（Thutmose III），以及後續的阿蒙荷普特二世（Amenhotep II）、阿蒙荷普特三世（Amenhotep III），這些都是歷史上頗具盛名的英主。創立一神教的阿肯那唐（Akhenaten）和著名的圖坦卡門（Tutankhamun），都是這時期的人物。

▍物極必反的二十王朝

地中海海民興起、黃金產量日益枯竭……埃及文明開始屈居劣勢……

↑ 亞述王

　　十九王朝的塞提一世（Sety I）、拉姆西斯二世（Ramses II），尤其是拉姆西斯二世最為知名！但在二十王朝以後，埃及因為由於地中海海民興起（埃及的天然

防線出現一個大洞），和鐵器時代的來臨，相對埃及不產鐵礦的窘境；以及最嚴重的是：埃及富強的根源——黃金產量日益枯竭……凡此等等，使得埃及文明明顯的開始屈居劣勢，也連帶使得埃及的國際地位漸漸低下。

這時埃及本身又再度爆發長時間內亂，二十一、二十二、二十三、二十四、二十五王朝並起，引起亞述王尼布甲尼撒（Ashurbanipal），毀滅性的攻擊埃及。雖然二十六王朝——薩美提克王（Psamtik）重建埃及，並且引入大量的希臘人民，充實國力，但無奈國力已江河日下，不可和輝煌的十八、十九王朝相比，西元前 525 年，波斯王 Cambyses 入侵埃及滅亡了二十六王朝，開創了二十七王朝 121 年統治埃及的時代。

雖然二十八、二十九、三十王朝，政權有短暫的回到埃及人手中，但又被波斯人奪回，直到希臘的馬其頓王亞歷山大大帝（Alexander the Great），在伊薩斯（Issus）戰役後，埃及的領土落入希臘人手中，亞歷山大將「埃及」交其大將托勒密（Ptolemy）管理之後，繼續踏上東征的道路，但是沒想到他一去不返，於是托勒密在埃及自立為王，開始了托勒密王朝 302 年的統治。

▌最後一抹晚霞的扎勒密王朝

埃及文化的另一個高峰，數學、解剖學昌盛，發達的商業更帶動繁華。

托勒密王朝是埃及文化的另一個高峰，首都「亞歷山卓港」（Alexandria）不但成為希臘化時代的文化重鎮，例如：歐幾里得（Euclid）的「幾何原本」、埃拉托色尼（Eratosthenes）的「地球圓周率」、希羅菲拉斯（Herophilus）的「解剖學」都是在埃及的土地上形成的。發達的商業更帶動埃及的繁華，埃及的富裕在當時是舉世羨慕。托勒密王朝 14 傳

↑ 克麗奧佩脫拉

之後，西元前 31 年，克麗奧佩脫拉七世（Cleopatra VII）（俗稱「埃及艷后」）參與羅馬帝國內戰，但在亞克興（Actium，希臘西北方外海）一役中兵敗自殺，結束了埃及三千多年的歷史，淪為羅馬帝國的附庸。

西元 391 年，拜占庭帝國狄奧多西一世（Theodose I）獨尊基督教，下令關閉境內其他宗教建物。在埃及境內，原本信奉古代神祇的人民已經不多了，這道命令之後，最後一份象形文字紀錄在西元 394 年 8 月 24 日，寫完最後一筆劃之後，埃及文化就此完全消失。當地人民不會說、也看不懂古代文物。直到一千四百多年後……埃及文明才再度受人關注。

時間的天敵——

金字塔

阿拉伯有句俗諺:「人類怕時間,時間怕金字塔」,相當程度地標
明這座建築物的無比奇奧,縱使現代科技都難以解釋當時是如何建
造完成;在人類七大奇景的傳說中,只有金字塔成為永恆的奇蹟!

西元前 200 年左右，拜占庭帝國時期，哲學家費隆（Philon）根據水手間的流言，紀錄下「七大奇蹟」的傳說。經過數千年的時間流逝，只有埃及的「金字塔」依然在人們眼前，繼續抵抗歲月的摧殘。因此阿拉伯有一句俗諺：「人類怕時間，時間怕金字塔」在這歷史洪流中的「七大奇蹟」只有金字塔成為永恆的奇蹟！

金字塔為什麼如此命名？

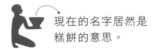

現在的名字居然是糕餅的意思。

金字塔這三個漢字是 1904 年康有為遊覽過埃及後，在《海程道經記》一書中首先命名的（因為他認為那個建築物像「金」這個字）。4500 年以來，

金字塔

多少人類英雄折服在這個建築物前？每當人們要提及神秘的能量時，金字塔的力量必成為重要的要素之一。可是如此偉大的建物，它原始的名字早已被人淡忘。它真正的唸法是法老語音：「墨爾」mer‘ 這個音，就是古埃人對它的統稱（譯：意謂上升的頂點）。但其實各個金字塔各有各的專有稱號，例如：「斯奈弗汝的光輝」（今稱「紅色金字塔」）、「屬於古夫的大墓」（今稱「大金字塔」）等來稱呼這個偉大的建築物……今天英語的金字塔 Pyramid 這個字，原本是新王國時代，埃及與希臘交流之後，希臘人看到金字塔的形態很像他們常食用的一種「糕餅」Pyramis 而戲謔所起的名字── PYRAMID，想不到成為慣稱。不知道的人還認為這個名字好酷喔，其實我也認為這個名字比較氣派，如果讓今天台灣人民首先發現而起名字的話叫「御飯糰」多難聽啊！那要是讓大陸同胞叫「窩窩頭」那不是……？

金字塔的難產　電影神鬼傳奇印和闐的傑作

　　早在古埃及在第三王朝（西元前 2613）左塞王 Djeser 之前，皇族或貴族死後都只有被葬於一種叫「馬斯他巴」（Mastaba）（此名稱也是阿拉伯人所取，本意是阿拉伯的一種長凳子）型式的墳墓中。「馬斯他巴」的結構是分為兩大部分，一是存放食物飲料的房間（象徵陽間），另外是稱為「謝爾達布」（象徵陰間）存放著死者雕像的房間。死者的親屬必須按時將食物飲料，經由一個小窗口投入謝爾達布，以象徵繼續照顧死者（後來因為麻煩，變成刻繪食物在牆壁上，但仍需由人唸出食物的名字，家人在陰間才能享用到）。但是到了人間神明的法老──左塞王時，他決定建築一個不同於「馬斯他巴」的建築物。於是左塞王命令他的首相──伊姆荷太普

▲ 馬斯他巴——外觀

▲ 馬斯他巴——內部結構

（Imhotep）[註] 設計嶄新的「永恆之家」。伊姆荷太普可說是埃及的達文西，傳說他不僅是工程天才，而且也是位天文學家，並且還是個魔法師、醫師，因此古埃及人認為他是創世神——「卜塔」之子！也是屬於神明的那一階層，因為只要說得出他就做得到！經過多年的努力，嶄新造型的「階梯型金字塔」以及其他附屬建物終於矗立於孟斐斯，成為埃及土地上第一座金字塔。以及神殿、舉行新舊王位交接時的塞圖祭殿，中庭等等附屬建物。

到了第四王朝（西元前 2686）在史奈佛汝（Snefru）法老的時代，幸好他的壽命很長，先後蓋了三座金字塔，包含二個失敗的作品——「崩塌式金字塔」和「曲折型金字塔」。直到「承重天花板」的關鍵技術產生，使金字塔的龐大重量，互相抵消，不致被自己壓垮，金字塔的建築技術才算成熟，我們熟知的古夫（Khufu）、卡夫拉（Khafre）、曼卡拉（Menkaure）三大金字塔，才能矗立在基沙地區。

階梯金字塔

■ 神的精液——金字塔的外型

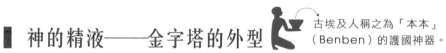

古埃及人稱之為「本本」（Benben）的護國神器。

　　拜占庭帝國的費隆，在寫「世界七大奇蹟」時，把「巴比倫」的空中花園排名了第一奇蹟，金字塔才排名第二位，但如果費隆能夠親眼看看原始的金字塔，他會見到一個顏色純白、鍍金頂的金字塔，相信必會排名第

↑ 開羅博物館內「本本」的復製品

一的。

　　直到現在，「為什麼埃及人要把國王的墳墓，建成那個樣子？」這問題一直眾說紛紜。有人說：「金字塔是象徵太陽的光芒」有人說：「金字塔是法老王升天時所需的階梯」。其實「要比天高」是人類的天性之一。聖經中巴比倫——通天塔、墨西哥古蹟——陶蒂華岡的月塔、現代的美國帝國大夏、馬來西亞的雙子星塔、台北的 101 大樓、將來重建的美國紐約雙子星等等，人類總是向至高提出挑戰。金字塔的外型建築結構，是當時的人類想建高物的最佳選擇。

　　另外有一個說法是：金字塔的外型，是模仿古埃及人稱之為「本本」（Benben）的護國神器。傳說中它在美尼斯王立國之初由天而降，一直保存在——赫利奧波利斯（Heliopolis）之地，跟羅馬帝國的 Hestia 之火一樣，是保護國家安全的鎮國之寶！根據傳說：「本本」是阿圖姆（Atoum）神的一滴精液所變成的，因此將法老王的「永恆之家」做成本本的樣子，取其相同的涵義，希望靈魂回到「生命之水」的狀態。順帶一提：原始的本本傳至「第一中間期」時，突然失蹤……至今也沒找到。

▌金字塔之中的迷途　沒有完工的結局

　　古夫（Khufu）大金字塔，是埃及境內最大的金字塔建築，也是最精巧的建物。雖然可以入內參觀，但最好有心理準備，裡面空氣很差，入內後對一般人而言更沒啥看頭。首先我們還是得依循當年「馬蒙」炸出的洞穴前進，然後接到「下升通道」。「下升通道」直接通往粗糙的「地下室」以及連接另一條「上升通道」。「馬蒙」當年沒有破壞「上升通道」底部的三大塊封

門石，而是在封門石旁另炸出一條通道繞到石後再接上「上升通道」。古夫金字塔有三個房間，由上而下一般稱為「國王室」「皇后室」「地下室」。學者認為這是為預防國王在金字塔建造中駕崩的預備措施。橫越過「下升通道」繞過「封門石」就來到上升通道」。「封門石」（三大塊）四千五百多年來依然建在「上升通道」的底部。繞過「封門石」繼續住上攀爬，就會來到「承重天花板」的「大長廊」之前，這裡有三條通道。一條當然是經過「大長廊」向上前往「國王室」；另一條水平的通道，是通往「皇后室」；最後是一條近乎垂直的秘密通道。這條秘密通道應該是送葬人員放置了木乃伊、「封門石」等後，由此離開金字塔。經過「大長廊」之後，我們就站在「國王室」的「前廳」了。

請注意「前廳」的兩側有四道明顯深刻的凹槽，應該是當年裝置「封門石」的地方，但是除了第一道之外，其他三道沒有安裝，而且第一道的「封門石」沒有降下。（真是奇怪，這些現象好像表示國王的木乃伊尚未入內一

般）過了短暫的「前廳」終於來到最後的「國王室」。辛苦的來到「國王室」後，相信各位與二百年來的遊客一般——失望！除了沒有蓋子的石棺外，這裡什麼也沒有……。

■ 把金字塔給炸了

拿破崙引爆歐洲人的
狂熱興趣。

　　在古代的世界中，埃及的富庶是公認的事實，而重視來生，準備永恆居住的陵墓建築物，更是寶藏的集中地！這一點可以從小小的圖坦卡門之墓中，出土豐富的財寶得到證實。因此各個王陵成為盜墓者眼中的天堂，甚至出版書籍教導後者如何盜取財寶，以及如何躲避詛咒。但是對碩大的大金字塔卻無可奈何。直到西元 820 年，阿拔斯王朝（Abbasid dynasty）的第六位「哈里發」（Caliph，皇帝）阿爾・馬蒙（ Al-Ma'mun），以炸藥強行炸出一個洞（這個洞後世稱為「馬蒙洞」，現在成為觀光客進入金字塔的管道），

　　守衛古夫金字塔 3300 多年的巨石才終於鬆懈了它的任務。原本馬蒙覬覦於大金字塔內的寶藏和古代智慧，沒想到空無一物，什麼也沒有，沒有寶藏、

↑ 馬蒙洞

↑ 原始通道與馬蒙洞交界

沒有文字、更沒有古夫王的木乃伊，好像古埃及人費盡一切力量就是裝盛「沒有」。（1818 年，吉奧維尼貝索尼 Giovanni Belzoni 打開卡夫拉金字塔時，得到相同的結果）由於裡面空無一物，後來更傳說塔內有鬼，金字塔再度被人遺棄於沙漠中。

時間再跳到西元 1798 年 7 月 1 日，拿破崙率領三萬五千名的大軍，登陸並且占領了埃及。同行的還有 21 個數學家、3 個天文學家、13 個博物學家與礦物學專家以及 22 個各個領域的語文學者。這些人重新燃起歐洲人對古埃及文化的狂熱興趣，當時法國科學家們就發現大金字塔的奇異之處……他們赫然發現 4000 多年前大金字塔居然與地球的尺度之間有著的關係密切！怎麼可能？

於是人們開始尋找關於金字塔的古籍資料，但是奇怪的是，古埃及人極少提及到它，對於建築過程的紀錄更是完全沒有！最早談到金字塔建築方式的記載，居然是希臘人希羅多德（Herodotus，484 ～ 425BC）在《歷史》（Historica）這本書內收錄的一段話：「金字塔是法老王以十萬的人力，用了二十年的時間建造而成」。他的這段話是引述埃及第二十七王朝的一位祭司的談話，但是這位和尚與金字塔建造的年代，相差了 2200 多年，可信度有多少？（但沒有其他紀錄之下也只有聽他的了）這更加深了對金字塔的種種迷思，引發了更多的冒險家到此研究金字塔的秘密……。

▍到底要多少人蓋金字塔？

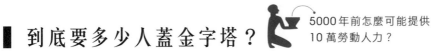

5000 年前怎麼可能提供 10 萬勞動人力？

傳說拿破崙曾經在「古夫金字塔」內睡過一晚，當他第二天出來之後，臉色青白的如死人一般，部屬紛紛關心在塔內究竟發生了什麼事？拿破崙數

度欲言又止，最後囁嚅的說：「還是算了，說了你們也不相信。」雖然這個故事杜撰的機率很大，但是卻說明了一件事，那就是牽扯到神秘的力量時，「金字塔」必成為不可或缺的元素之一。歷史上被這堆石頭迷惑，甚至無法脫離迷惑而終其一生之人多不勝數；關於這方面的題材更是難以書盡。一般人們討論金字塔的謎題，通常圍繞四個子題，建造的年代、建造的目的、建造的方法以及其他細節。在討論這些問題前，我們先回頭檢視一下希羅多德「金字塔是法老王以十萬的人力，用了二十年的時間建造而成」的這句話。

在沒有其他史實的佐證之下，這句話成為了鐵史，成為教科書中的一部分。可是如果咱們深思一下，可就問題重重了。第一就是人力問題。在當時人類文化剛萌芽的階段，埃及本土有十萬工人？那時在中國還是傳說中的軒轅氏──黃帝的時代，地球上擁有二千人口的地區（當年決定中華民族命運的「逐鹿之戰」雙方參戰人數也不過數百），就可比今日最繁華的美國紐約地區了，埃及居然有十萬勞動人力？這不包括不能提供勞力的其他人口，以及支援這十萬人的後勤人口。這是疑竇之一。

近代西方學術界對這個數字，也表示過於誇大，因為造金字塔的時間應該僅在每年的洪水氾濫期間，也就是七至十月底。因為惟有氾濫期才有農閒的工匠，以及河水的載運量，能夠提供所需的人力物力。根據同一時期構築的金字塔中的銘文表示：古夫金字塔僅花了三年工時（每年四個月的工時，三年工時等於耗費了九年）美國學者杜哈姆認為真正起作用的工人，僅有2500人。而皮特里教授，根據發掘到的工棚遺跡推測，當時住在金字塔旁工作的工人僅4000人。

如果上述這些學說成立的話，那麼「石頭的數目與時間的壓力問題」更大了！因為大金字塔所使用的石頭數量約有230萬塊（不包括覆面石：約11萬5千片），就算以二十年為限，而且不考慮人力全年無休，一天工作十小

時的話，那麼等於每一個小時需要精確地擺 31 塊石頭，到達該在的位置。換句話，每 1 分 50 秒要有一塊 2 千至 5 千公斤的石頭，從岩床上採集下來，經過切割、運輸、分類、再抬高堆砌……哪怕用現代科

↑ 金字塔的覆面石

技，相信都是非常非常沉重的負擔！如果以近代學者所言：金字塔工程只在每年七月尼羅河氾濫的農閒時動工，那麼工人的速度就必須加快到每分鐘 4 塊，或者是每小時 240 塊，這其中的許多問題簡直不敢想。

▍是誰的金字塔？快來認領

「減壓室」中沒有寫完的「古夫」之名。

大金字塔是屬於誰的？現在的說法當然是屬於第四王朝的第二位法老——奇阿普斯‧古夫所有。但證據呢？塔內沒有一幅壁畫、一行文字紀錄古夫的名字。之所以命名為「古夫金字塔」，是因為 1839 年英國人哈華特‧魏斯（Howard Vyse）上校，在國王室的上方，一個窄小低矮的「減壓室」中發現一行用顏料書寫的象形文，上書古夫之名，因此證明了此塔為古夫所有。（除此之外，尚有「古夫王 17 年」等字樣）

懷疑論者振振有詞的說，如此雄偉精巧的金字塔，為什麼所有者的名字會這麼草率地寫在這麼隱密的地方？因為通常陵墓皆以精細的象形文記載法老的豐功偉業（學者稱為金字塔文），而且埃及人相信剷除壁上的名字，以

及摧毀木乃伊的話，亡者的靈魂也會永遠毀滅，因此墓中的名字是非常重要的，不該如此草率，而且字母沒有寫全。另一方面，在時間上：「減壓室」是 1765 年英國人納且尼爾‧德維遜發現的，1822 年象形文字解秘後，成為可以辨認的文字，而古夫名字是 1839 年英國人哈華特‧魏斯上校在「減壓室」內發現的。因此在時間上不是沒有造假的可能！

▋ 金字塔是墳墓？那可不一定……

天文台、日晷、糧食庫、幽浮降落場、太空火箭等說法，不一而足。

埃及人費盡心力建造金字塔是為什麼？查閱最早的紀錄還是希羅多德「金字塔是埃及人的墳墓」的一句話。但是從沒在任何金字塔內發現木乃伊（古夫的生母——荷太普赫爾（Hetepheres）之墓，被人在地面上放置照相角架時，意外的發現，她就不是葬在金字塔內），當然你可以說是已經被盜墓者盜走（除了在「階梯式金字塔」內，發現了左塞王的左腳外，考古學家們也沒有在任何金字塔的石棺內，化驗出存放過木乃伊的痕跡）。可是阿爾‧馬蒙首度打開金字塔，沒任何發現又怎麼說？因此有人認為真正的古夫王墓並未發現。那埃及人辛苦的建造金字塔，是為了消磨時間嗎？到目前為止，為金字塔的用途提出論點的有天文台說、日晷說、糧食庫說、智慧之庫說、路標說、甚至有幽浮降落場說（1994 年美國電影「星際奇兵」STARGATE 就有如此場景）、太空火箭說等。但我比較喜歡《創世紀的守護神》（Keeper of Genesis）的作者羅伯特‧鮑威爾（Robert Bauval）與格雷姆‧漢科克（Graham Hancock），他們在多本其著作中暗示：金字塔是「亞特蘭提斯」在得知自我將毀滅時，所造就的紀念物，好讓後人知道曾經有過這麼一個科

學發達的帝國在地球存在過，要不然為什麼金字塔的一些數據與地球的關係如何密切？

總工程師，請告訴我們怎麼蓋金字塔

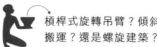

槓桿式旋轉吊臂？傾斜搬運？還是螺旋建築？

這恐怕是問題最大的地方。到目前也有三十多種建造說法，但沒一種成為定論。相信大家都聽過一句話：「以目前的科技想建造一座一樣的金字塔，恐怕也力有未逮。」

那麼四千五百年前的埃及人又如何建造呢？這又是一個歷史之謎。最早的紀錄還是得引述歷史之父——希羅多德的記載。

根據他的「採訪」而來的說法是：古埃及有一種「槓桿式的旋轉吊臂」在金字塔覆蓋「覆面石」前，在階梯上製造平台以安置吊臂。利用「槓桿原理」將所需石頭以接力的方法搬上頂端。但是許多人認為這是希羅多德依當時的科技套用在距離他 2200 年前建物的解釋，所以並不正確。

第二種方法曾經一度成為金字塔建造的定論，那就是「以某種傾斜路面向上搬運石頭，隨著高度增高，路面也跟著延長」。但是也被人質疑一比十的比率問題：因為舖設一條斜坡的目的，是為了達到省力的目標，最起碼也要一比十的比率（也就是 1 公尺的高度，要 10 公尺以上的長度坡道，如此才能省力）。而建造一條一比十斜率的道路，直通大金字塔的頂端，道路長度至少要四千八百英尺，而且所需要的磚塊和泥土更為大金字塔的三倍。（斜坡的容積為八百萬立方公尺，而金字塔的容積只有二百六十萬立方公尺。）比建造大金字塔更費工，而且拆卸後的廢土呢？考古上也從未發現到。

第三種方法，稱為：「螺旋建築法」。是上述兩者的改良學說，同樣在金字塔還是階梯狀時，沿金字塔邊建造斜坡往上，如此不但可以節省第二種所需的斜坡面積，又可維持一比十的比率。可是反對的人說：這個學說雖然在中、低層可以有效的運送石塊，但越往上層，橫向的體面積越短所建造的斜坡就無可避免變得陡峭，到最後幾層時，坡度可能到近90度。這個辦法於是也行不通。

▋ 問題上的問題

不平衡地面、絕對平衡的金字塔。

首先就是金字塔的平衡問題。各位要知道，如此沉重的金字塔在建築每一層時，每一層的平穩是非常重要的，尤其是最基礎的底盤。如果在底部不保證平衡的話，差之毫釐、謬之千里，到了上層之後，金字塔就會自己壓毀自己。但是驚奇的是：大金字塔並不是建在一塊平坦的地面上，而是在一座很大的天然土堆上，或者說是一座小丘。據估計，這座土堆約有三十英尺高（三層樓那麼高）處在金字塔的正中央，占地基的百分之七十的面積。後來被巧妙掩蓋在金字塔的底層。土堆的存在又使金字塔的奇蹟再加深一層，到底當初的測量人員是如何在測量地基時，不受中央那座土丘的影響呢？

▋ 安排工具，讓我們開始搬吧

沙漠中車輪或滾柱都起不了作用……

大家可能不知道，在沙漠中車輪或滾柱是起不了作用的，因為被石材一壓，這些工具都會陷入沙中動彈不得。在人類初顯文明的年代如何搬運重物

的呢？學者認為較有可能是河運，但是一天需要 2400 塊 2～5 噸的石頭，古埃及有如此龐大的運輸艦隊嗎？再說能承受 2～5 噸重量的船，不可能是蘆葦的草船，起碼必須是木船，但埃及本身不生產木料（太陽船的木料是由黎巴嫩進口的）。古埃及有能力購買如此大量的木材，製造一支龐大的艦隊，好從遙遠的採石場運輸到「基沙」這個地方？

▌5 千年前的現代技術

石材之間非常緊密，連最薄的小刀片都無法插入。

　　這裡要問的是：古埃及的工匠們有能力一天生產 2400 塊的石材？除了切割之外還包括整修，更別說一些特殊造型的石頭，應付一些場所譬如通道、斜面的通氣孔、國王室、皇后室等等。此外，學者也到卡夫拉金字塔上殘存的「覆面石」感到興趣。考古學家弗林德‧培崔（W.M.Flinders Petrie）發現這些打磨過的「覆面石」經過黏劑精準接合，誤差不及百分之一英寸。兩塊覆面石之間接續得非常緊密，連最薄的小刀片都無法插入。近乎原始的古埃及人怎會有這麼高深的技術？（參考「太陽光下的古埃及人生活」篇）以上這些問題，都是讓無數專家學者傷透了腦筋。倒是有一位不願意費事解釋的瑞典學者埃里奇‧馮‧達尼肯，在 60 年代出版了《眾神之車》一書。書中乾脆表示：金字塔的建成應該歸功於外星人，這

↑ 接續緊密的石材

就解決了所有的疑問了。

▌指向天際的通道 科技證實不可能辦到的事！

　　還有一點令人不可思議的是：想像地球有一根通過正南北極的軸心，稱為「地軸」。大家可能都知道地軸與「黃道」不是呈九十度相交，但是很少人知道這條地軸本身就會以中心點為軸心而晃動，如果將這條地軸想像延伸至天空，那麼每隔 25920 年這條地軸就會在天空中畫一個同心圓。這種現象在天文學上叫「歲差」，因為我們的曆法都是以天文現象為準，如以日為法，或以月為法。因為有「歲差」現象因此才有「閏」的方式出現。也就是說在這兩萬五千多年間，天空星宿都有一點點的位置不同，這也就是每隔一百多年，人類就要找一顆新的北極星，來指出北方的原因。

　　如果時空倒回到大金字塔剛落成的西元前 2600 多年前，大金塔內的國王室與王后室各往南北方向伸出了一條通道，而這四條通道，就會如考古學家所形容的：「如炮口般對準了天空四顆星星」。這四顆星分別在埃及神話中占有重要地位。它們分別是：

　　王后室的南通道──它以三十九度三十分，對準了「天狼星」。天狼星被古埃及人視為生育和繁殖女神也是每一位法老王在天空中的母親。北通道──它以三十九度，對準了小熊星座的第二顆星，也就是古埃及人心目中的「帝星」象徵再生與靈魂不死。

　　國王室的南通道──它以四十五度十四分，對準了獵戶星座的第六顆星，也就是最低的那一顆。這一顆是代表著埃及神話中的冥界之主、歐賽里斯。而歐賽里斯也引導靈魂再生和復活之神。北通道──它以三十二度二十

八分，對準了那個時期的北極星，也就是現在的天龍星座的第一顆星「右樞星」埃及人認為右樞星是主孕育之神。

　　傳統的埃及學者認為，大金字塔中國王室與王后室中的四條通道，是給一種叫做「巴」（be）的靈魂進出的通道。因為古埃及人相信這種長得人頭鳥身的靈魂，會每天白天時回到墓室，照顧著屍身，等待著另一種靈魂「卡」（ka）的回來與屍身合而為一、再度復活。因此金字塔中會有「通道」的產生。但是一條通道對準了星宿可以說是無意的，兩條可以說是碰巧了，而四條通道在同一時間對準了四顆對埃及人來說意義重大的星宿，這就必須要認定是當初建造者，刻意的安排了。但是在當時要如何做到「如炮口般的對準」呢？

▌結語：古月今塵的巧合

一個現代科技都不一定做得出來的建築物，金字塔的巨石文化卻「巧合」的做到了。

　　柏拉圖在其著作《對話錄》（Dialogues）中有兩個令人爭議的章節。在「提瑪友斯」與「柯里西亞斯」（Timaeus、Critias）這兩篇文章中，柏拉圖提及距離他九千年前，在「海克力士之柱」（pillars of Hercules）以西（今天的大西洋）有一個超級文明的國家——亞特蘭提斯大陸（Atlantis，其實由五個大島所組成）它們可以以「光炬」收集太陽能源，做為國家生產的動力；以及現代科技所擁有的一切……（不論真假，柏拉圖年代可以領悟出太陽能的思想已經很不容易了）。柏拉圖也不是憑空想像出亞特蘭提斯的傳說，而是根據他朋友的祖父——索隆（Solon）所記載的。（索隆是古希臘非常出名的人物，而且以「不說謊」著稱）而索隆又明確的指出，這是他至埃及旅行時，在下埃及的「賽以斯」城中記載下來的。咱們不妨天馬行空想像一下……埃及大金字塔之所以如此不可思議，是不是因為由超文明的亞特

↑ 階梯金字塔——塞圖祭殿入口

蘭提斯人所造的？（因為目前科學技術還造不出）他們之要造大金字塔，是因為紀錄他們曾經在地球上生存過的痕跡。

如果你不滿意上述的說法，那我只能說：在人類文明剛萌芽的時候，細石器末期時代，一群人類「巧合」的在地球陸地的正中心點建起一座建築物，而它「巧合」的與南北極成直角，又「巧合」的成為赤道和地心的因數，以及 π 值。一個現代科技都不一定做得出來的東西，巨石文化的人類卻「巧合」的做到了。

註　伊姆荷太普，就是電影中的印和闐，由於他的博學多才，死後僅100年就奉為神明。每當埃及書記展開一張新的紙草時，必先灑上幾滴水，表示對他的敬意。希臘人將他與希臘醫神——阿斯克庇俄斯（Aselepius）融為一體，改稱為伊莫庇斯（Imouyhes），並在塞加拉地區建立阿克勒庇昂（Asclepieion）神廟。伊莫庇斯的信仰在希臘羅馬時，達到了高峰。

2

讓人嘆為觀止——

金字塔附屬建物

對準地球磁角的獅身人面像、巨人所建的卡夫拉廟、法老王的星際
船艦。

獅身人面像是埃及第二大金字塔「卡夫拉金字塔」（The pyramid of Khafre）的附屬建物之一，其他如卡夫拉廟、獅身人面廟、神道、享殿等都是屬於「金字塔複合體」中。人面獅身像，全長 73 公尺，高 20 公尺。在四千五百年的時間中，它的雙眼真的是看盡了人世滄桑。由於時代久遠，在埃及法老時代，圖特摩斯四世（Tuthmosis IV）、安門荷特普四世（Amenhotep IV、阿肯那唐）、拉姆西斯二世（Ramses II）就都曾經維修過它。現在我們看到的四爪就是後來重建的。之後由於長時間深埋沙中，所以保存尚稱完整。

■ 凝視日出的神聖怪獸——獅身人面像

法老的靈魂
真身

「獅身」代表法老的勇猛與軍事力量；或維持執國家生存下去的力量。「人面」代表法老的智慧與行政能力；或國家的發展力量。其實它是法老王的真身，也是靈魂之一 **註**。像中國皇帝的真身是龍一樣，屬於神的階級。這座雕像也是埃及境內最大的獅身人面像。

獅身人面像是在基沙高原上，在整個石灰岩床上，向下雕刻（所以它的背部與旁邊地形平行）而成的，因此靠近獅身像的周圍形成地塹的地形。整個身軀準確的面向地球磁角的正東方，獅身像視線「巧合」地與緯度 30 度疊合；並且每年的春至日與秋至日二天，太陽準確的在獅身像視線的正前方升起。在 4500 年前埃及人有如此天文技術，真是了不起。

在希臘化時代，希臘人稱獅身人面像——斯芬克斯（Sphinx），這是一個傳聞中會出謎語給旅客猜謎的怪物。其實這個傳說故事，是在希臘神話中的埃迪帕斯（Oedipus）傳奇之中，提到的希臘的底比斯城（這個底比斯是

向下雕刻而成的獅身人面

屬於古希臘卡德馬斯王國的領地），斯芬克斯怪獸就在該城的北邊做怪。正巧埃及也有一個同名同姓的底比斯城，（獅身人面像也在的底比斯北方）因此誤傳成這座雕像是那個怪獸的本尊。

獅身人面像的兩爪中有一塊黑曜石的石碑，又稱之為「夢境之碑」，上面是十八王朝的圖特摩斯四世（Thutmose IV）所記載的一個故事：當他還是王子時，有一次在狩獵之後，靠在獅身像旁的陰影中小憩，結果他夢到獅身人面對他發出預言說……他就是下屆的法老王，希望他在登上王位之後，能清除壓在他身上的沙子。這個預言是不是真的？誰知道，但憑藉此一「符瑞」，王子果然順利當上法老王，因此他在當上法老之後，依夢中諾言清掉了獅身像上的沙子，並且第一次大規模整修獅身像，今天看到的兩前爪就是當時的作品。全部完工之後，立碑於兩爪之間以資記念。

至於他的鼻子是不是拿破崙的軍隊打掉的？目前也是眾說紛紜，也有是回教軍隊練習打靶時打掉的說法。而它下巴的長鬍與頭上的眼鏡蛇飾，目前

則被英國大英博物館所收藏。

巨人所造的殿宇——卡夫拉廟

古代埃及人是不是
有種技術，把石頭
當奶油切割？

同樣是卡夫拉金字塔的一部分，位於「神道」的起頭，當年是瀕臨尼羅河邊。考古學家說這是卡夫拉王去世之後，製造木乃伊的地方。如果真的是這樣，那也太浪費了！各位親臨現場就知道，卡夫拉廟內的構造雖然簡單，卻異常的雄偉。這裡用的石塊比金字塔所使用的石材還要大，而且一絲不苟地整齊排列。如此大的巨石，不禁令人懷疑古埃及是如何抬上去的？也許廟中的石樑是在沙子埋起石柱後，安置在柱頭上，然後再清除沙子而成。

走進廟中沒多久，就會看到一群人圍著一個大洞，在那指指點點的，那是開羅博物館中，有名「卡夫拉王黑曜石雕像」的發現地。有人說：如果你只有十分鐘參觀開羅博物館，最值得參觀的就是這個雕像！因為這個雕像的

↑ 卡夫拉廟

↑ 開羅博物館內——
卡夫拉王黑曜石雕像

紋理，很接近人類肌肉的紋理，應該也是一種巧合吧。

　　廟中的地板，更應該好好的欣賞一下，因為那是用昂貴的「雪花膏石」鋪成的。半透光的「雪花膏石」所製的器皿，在古埃及是高昂的奢侈品。而在這裡居然以大量的「雪花膏石」做地板，這等於用寶玉做地板一樣！還有卡夫拉廟周圍的地板，在靠近牆壁下一共有 23 個整齊的長方形凹槽，這原本是安置法老雕像的，如今雕像已不知去向。

　　令人奇怪的是……在整齊劃一、色調統一的廟內，在入口的左側有幾塊是黑曜石，在統一的石質之中，使得這些黑石顯得特別醒目，不知道當初工匠如此做是何意義。正前方有一個小房間，應該是當年卡夫拉製作木乃伊的手術房。可惜目前封閉了，無法入內參觀。不過可以隔著鐵窗一窺究竟。卡夫拉廟中最令人稱奇的是，建築石材的切割！有許多石材，像幾何積木似的，巧妙地組合在一起。彷彿在誇耀他們有把堅硬的石頭像奶油一般切割的技術似的。通過廟的右側的通道，就可以非常清楚地觀看獅身人面像，以及前方的獅身人面廟。這整條道路在四千年以前，直達金字塔下。不但是有屋頂而且也用「雪花膏石」做地板的。

■ 埃及巨石陣──獅身人面廟

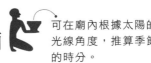
可在廟內根據太陽的光線角度，推算季節的時分。

　　不過由於獅身人面廟已經很殘破了，目前呈封閉狀況，所以只能遠觀之。不過根據專家的指出：獅身人面廟內構造與英國的「斯頓亨吉巨石陣」一樣，可以在廟內根據太陽的光線角度，推算季節的時分，至於詳細情形正在研究整理。

↑ 祭殿

靈魂舞台──祭殿

法老靈魂依然在這裡，
接受祭司服侍。

　　神道盡頭的建物，有一個非常殘破的地方，由於經過數千年的風化，如今只剩幾塊大石頭在現場了。從文獻上幾乎已經沒有多少文字在描述此地的用途。只能根據所在的地方，及規格推測建築的意義，我們叫它「祭殿」，用中國建築名稱來說，應該叫做「享殿」。（例如秦皇陵中，有一個地方，這個地方的人員按照始皇尚在人間的生活方式，繼續服侍著始皇靈魂。這裡

的祭殿恐怕也具有相同的意義）

祭殿是整個金字塔附屬建物的中心，根據遺蹟推測，它是一個長方形的建物，經過一個前廳之後，內部應該有一個列柱（廊）環繞所形成的中庭。這個中庭也是具有宗教的意義：就是希望過世的法老，從天上直接的來到此地。由此再往前方是由七個狹窄的房間所形成的空間。也許是儲藏室，更也許是有宗教意義的聖堂。再之後的殘蹟更是不清楚了，可能是祭司們的房間，因為左右各有一個出入口，讓人員進出。

▌ 法老王的星艦──太陽船

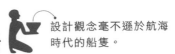
設計觀念毫不遜於航海時代的船隻。

也是在宗教儀式上不可或缺之物（卡夫拉金字塔附藏一艘，古夫金字塔二艘）這是代表法老王乘坐上天之物，如今古夫金字塔旁已整理出一艘供人參觀（第二艘保持原狀還在地下），這艘船是1954年發現。由於存放的地點是一個上下、前後、左右均有粗大石材所形成的石室保護，因此情況非常良好，連4500年前的船上繩結也在，可算一項奇蹟。另外還發現了「壓艙石」，這證明當時的埃及人已有航行知識，知道在船內設置重心。因此學者指出：這艘船的結構不但可以在江河上航行，就是到海上

▲ 太陽神舟

也沒問題。

　　船的原料是由黎巴嫩地區進口而來的香柏木打造而成。雖然是 4500 年前的產物，但在設計觀念上毫不輸給航海時代的船隻。除了上述的「壓艙石」外，船首的破浪以及船尾的「雙槳」更是令人激賞。「雙槳」不但可以搖櫓產生額外動力，更有方向舵的功能。此外船上涼棚可供法老乘涼賞景之用，船邊也有座位讓宮女歌唱娛樂法老，講到這裡真的忍不住再提一句：古埃及人想得真周到、真會享受！

▲ 放置神舟的石室

船後的艙房還有隔間，前面可供法老活動；後面則是法老寢室。船上唯一不合理的設計是僅有 10 根船槳，不但不足產生動力航行，而且過於巨大無法使用，因此整艘船的宗教意義恐大於實際意義。

註　獅身人面像也是法老王的「巴」，在法老王往生之後，守衛法老的肉身，等待「卡」的歸來。

3

神秘的七軸殿宇——
塞提一世神殿

以埃及神秘古卷《門之書》為藍圖所建造的神殿；千年的顏色尚
在，彷彿時光沒有在這裡經過……

阿拜多斯（Abydos）在路克索北方約 170 公里左右，一般觀光客很少前往這裡，但在極重視身後世界的古代埃及人而言，這裡是絕對的聖地！人生的最後能夠安息在這裡，是這一輩子奮鬥的目標！不然能在這裡留下個名字也好……。

　　這個地方是神話故事中「奧塞烈司」陰間之神，葬身及復活之地；也是靈魂前往冥界的陰陽交界之地。古代人們相信：無論在哪裡往生，靈魂都要先到阿拜多斯，然後才能前往靈體才能看見的「阿拜多斯山」，越過山之後過了冥河，才開始永生的旅程。因此古埃及人們一生無論多麼困難至少要來一次朝拜，就是希望能得到奧塞烈司的眷顧，得以永生地在快樂天堂內。

▌《門之書》的七門建築  魂魄請由此門進出。

　　距離現今 3200 年之前，古埃及第十九王朝——塞提一世（Site I）法老

塞提一世神殿

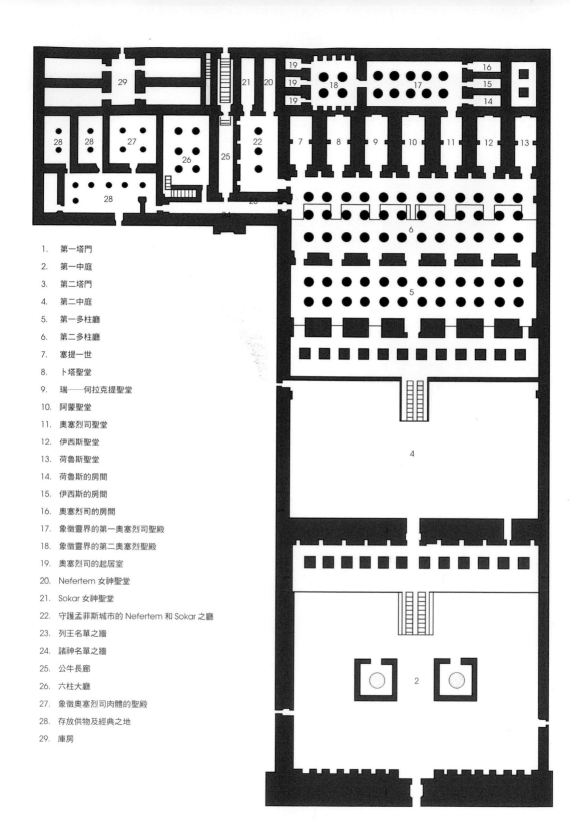

1. 第一塔門
2. 第一中庭
3. 第二塔門
4. 第二中庭
5. 第一多柱廳
6. 第二多柱廳
7. 塞提一世
8. 卜塔聖堂
9. 瑞──何拉克提聖堂
10. 阿蒙聖堂
11. 奧塞烈司聖堂
12. 伊西斯聖堂
13. 荷魯斯聖堂
14. 荷魯斯的房間
15. 伊西斯的房間
16. 奧塞烈司的房間
17. 象徵靈界的第一奧塞烈司聖殿
18. 象徵靈界的第二奧塞烈聖殿
19. 奧塞烈司的起居室
20. Nefertem 女神聖堂
21. Sokar 女神聖堂
22. 守護孟菲斯城市的 Nefertem 和 Sokar 之廳
23. 列王名單之牆
24. 諸神名單之牆
25. 公牛長廊
26. 六柱大廳
27. 象徵奧塞烈司肉體的聖殿
28. 存放供物及經典之地
29. 庫房

▲ 塞提一世神殿解剖圖

王，摹擬神話故事中，靈魂必須通過的「七門」考驗的傳說，在這裡建造了一座「塞提一世神殿」，現在也是當地主要的千年遺蹟。在經過殘破的第一塔門及第一中庭之後，踏上前往第二中庭坡道之前，會再經過已經崩塌的方形柱廊，然後塞提一世的「萬萬年之家」就完整地呈現面前。入殿之後，在當初設計者的有心規劃下，引進了微弱的陽光，射進深邃的聖堂，借著這道陽光的幫助，我們可以看見歷史的灰塵依然在此慢慢的飛舞⋯⋯引發思古的神秘幽情。

　　塞提一世內有七道朝拜的軸線，引導人們來到七個聖堂及七個大門前！根據每個聖堂上的銘刻表示，每個聖堂是獻給某一個神明的。從入殿左手邊開始分別獻給塞提自己、卜塔（Ptha）、瑞──何拉克提（Ra-Horakhti，

地平線的太陽神）、阿蒙（Amon）、奧塞烈司（Osiris）、伊西絲（Isls）、荷魯斯（Horus）等七位。除了第五座聖堂外，每一座聖堂內，都有一個供神明出入的「假門」，聖堂兩旁皆是法老呈獻各式各樣的寶物給各聖堂的神明，難得的是能看到 3000 年前的顏色尚在，彷彿時光沒有在這裡經過！

■ 穿越「靈界之門」禱告最靈

象徵獻祭者可以穿越靈界，直接接觸到復活之主——奧塞烈司。

　　每一個聖堂的底部，都有一個雕刻精美的「門」。這個「門」的雕刻在古埃及很常見，不但在宗教場所，就連住宅內都有這樣的「門」形雕刻，因為當時的人們相信神靈可以由這個「門」進入人間。「塞提一世神殿」的「七門」之中，只有第五聖堂，也就是屬於奧塞烈司的聖堂中的門是打開的，當然是象徵獻祭者可以穿越「靈界之門」，來到象徵陰間世界，直接接觸到復活之主——奧塞烈司，所以禱告最靈的啦。

▲ 奧塞烈司大堂

　　穿越「靈界之門」，之後是「奧塞烈司大堂」，右手邊有三個屬於奧塞烈司家屬的小聖殿，分別是兒子荷魯斯、妻子伊西絲和奧塞烈司自己的房間。左手邊是通往「第二奧塞烈司大堂」，及奧塞烈司本身私人的起居室。

　　在第一聖堂的左側，有左右兩條通道，右通道經過一個小庭，會出現兩個聖堂，左聖堂是「蘇卡（Sokar）聖堂」^{註 1}、右聖堂是「尼夫帝

▲ 奧塞烈司第二聖堂

↑ 塞提一世神殿──奈夫帝聖堂

（Nefertem）聖堂」^{註2}。走進第一聖堂旁的左通道，不久之後右側的第一條通道，是前往「史特拉保之泉」的路，路上右側的牆壁上有一段極其難得的銘刻，那是塞提一世法老與拉姆西斯二世太子，祝禱在太陽神──拉的庇護下，歷代的太陽之子（76 位法老名單）可以享受到塞提及其子所供奉的麵包、啤酒等等祭品。這一份含括了 1700 年的「帝王世系表」稱之為「阿比多斯國王名單」（Abydos kings List）是後世在整理埃及歷史時非常重要的參考依據！而對面的牆壁上有 120 名神明的稱謂和他們主要的管轄聖地，兩者相互輝映，不僅在宗教意義上、在考古資料上都具有權威性的發言權！還有一幅塞提父子在草原上共同牧牛作樂的壁刻，是除了阿瑪那文化時期之外，極少見到法老展現人性的一面。

▌百思不解的奧西雷昂之謎

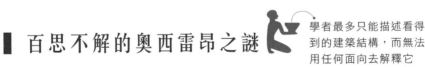

學者最多只能描述看得到的建築結構，而無法用任何面向去解釋它

走過這條意義非凡的長廊之後，「奧西雷昂」（Osireion）突然的出現在我們面前！「奧西雷昂」或稱「史特拉保（Stra.bo）之泉」（史特拉保羅馬時代的歷史地理學家，著有紀錄羅馬帝國全境的 Geography 乙書）無疑是埃及除了金字塔外最大的謎團！多少考古學者最多只能描述大家看得到

的建築結構，而無法由任何面向去解釋它的意義！一般解釋為奧塞烈司的墓室，但證據薄弱，所根據的僅是「奧西雷昂」內極少銘刻中有一段「塞提侍奉奧塞烈司」的字樣而推測的。初看到這個建築物時，每個人都會馬上聯想到基沙高原上的卡夫拉廟，兩者非常的像。兩者所不同的是，當初的建造者遠從8公里以外，埋設了一條水道，將尼羅河引注於此，造成了一個水世界，是模仿神話中的混沌年代嗎？

「奧西雷昂」內延伸水道的方向有數個大型方型凹槽，四周共有17個小房間（東、西面各6個、南面2個，北面3個），但是被寬水溝所隔開，彷彿不願讓人進入似的。最奇怪的莫過於尼羅河水的影響，而使得整個「奧西雷昂」的地板，包含水溝、凹槽都被尼羅河水所淹沒。北面3間的中央1間房間的內側，連接著1間長方形的大廳，上面還有一部分石灰岩的屋頂。南面也有1間類似的長方形大廳，但是已經沒有屋頂了。

這個奇怪的地方，內部的構造是個永遠的謎，它是個宗教建物無疑！但那些房間、水溝、水槽、滿地的水是為什麼？是模擬神話故事中「努恩」（Nun）年代黑暗的水世界嗎？如果是，那傳說中的「生命之樹」要放哪裡？這些水溝、水槽和眾多的小房間代表什麼？如果模擬奧塞烈司的冥界，17 個房間代表奧塞烈司冥界傳說中的 17 道考驗，水溝代表冥河、水槽呢？只有天知道地曉得了。

註1　蘇卡是孟菲斯神話系統的神明，外型鷹首人身，頭上沒有任何裝飾。神性類似奧塞烈司（冥王），但極為凶惡！好吃人心。在古王國和中王國時期，流行於下埃及地區。新王國時期之後被奧塞烈司所取代，逐漸消失於記憶中。
註2　尼夫帝是孟菲斯主神──卜塔之子，外型是俊美的男子，頭戴蓮花和雙羽。神性很類似荷魯斯，是光明的戰神！另外在冥界也擔任審判靈魂的判官，及引導至美善之地的使者。

千年顏色依舊在──

丹德拉神殿

古希臘的星空神話與埃及傳說在這裡完美結合！

丹德拉神殿，位於路克索北方約 70 公里，是古代埃及最後一個大型宗教建物。它始建於托勒密晚期，也就是托勒密十二世（Auletes - Ptolemy XII），一直持續到羅馬時期（西元 68 年左右）都尚未完工。這座丹德拉神殿主要供奉埃及哈陶爾（Hathor）女神，掌管愛情、音樂、舞蹈與娛樂之神，既是未來法老王的保護神，也是太陽神毀滅世界的武器！

▌埃及眾神養育羅馬第一任皇帝
奧古斯都所興建的巨幅立體看版，宣傳統治埃及的合法性。

這座神殿是今天埃及主體結構最完整、色彩保持最完整、壁畫故事最完

丹德拉神殿

1. 天空女神──諾特吞食太陽與太陽誕生
   （天花板）
2. 風神鼓動翅膀讓白天充滿了氣息
   （天花板）
3. 十二「白日聖舟」（天花板）
4. 上埃及鷹圖騰拉──赫拉加提的標誌
   （天花哈陶爾多柱廳）
5. 28 天月亮盈虧和奧塞烈司愛西斯（天花板）
6. 風神鼓動翅膀讓夜晚充滿了氣息（天花板）
7. 哈托爾女神的面貌成為太陽的光芒（天花板）
8. 六柱廳
9. 倉庫祭司工作室
10. 記載香水配方的房間
11. 濕性祭品進入處
12. 收藏貴重寶物的庫房
13. 乾性祭品進入處
14. 聯通房
15. 前廳
16. 由屋頂下降的坡道
17. 盤旋而上的樓梯間
18. 卜塔──塔傑南房間
19. 梅斯赫奈特（分娩神）房間
20. 蘇卡房間
21. 荷魯斯誕生房
22. 「努恩」原初之水房
23. sistre 搖鈴房
24. 丹德拉神殿聖地
25. 大禮拜堂（地下秘室入口）
26. 地下秘室
27. 光明火焰房
28. 太陽神──拉房
29. 艾吉爾項鏈房
30. 新年宮
31. 至聖所

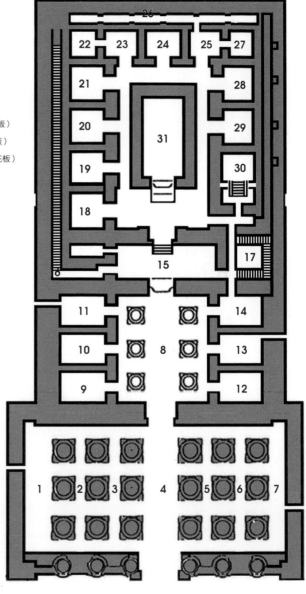

➤ 丹德拉神殿平面圖解

↑ 奧古斯都誕生房

↑ 丹德拉神殿遺蹟

整、也是最奇特的景點。過了驗票口之後,館方有「放映室」視人數播放介紹短片。再走到一個 90° 的左轉之後,就來到神殿的中軸線上,面對神殿時,背後是當年的碼頭殘蹟,不過已在荒煙漫草之中⋯⋯在高聳的大門前左右兩側是羅馬時代的噴水池,越過門口之後右手有四座小遺蹟,第一個比較完整的是羅馬第一位皇帝——奧古斯都所興建的「誕生房」(Mammist)。這是為了宣傳羅馬皇帝統治埃及的合法性而興建的。房中的壁刻大部分是描寫各個神明照顧奧古斯都小時候的樣子,代表奧古斯都是深受埃及眾神之喜愛的,尤其是左側可看到奧古斯都站在轉盤上,神明正在創造他。

第二個殘蹟也是羅馬時代的建物,它是上埃及地區最早的基督教教堂。

女神雙腳　　　　太陽曙光誕生(哈陶爾女牛神臉)　　　　諾特女神身軀　　　　金牛座

第三座小殘蹟，也是所謂的誕生房。第四個殘蹟是在 1960 年才被發掘出來，是當年的醫療所。古代埃及人會在神殿旁建立醫療所，讓病痛者飲用或沐浴潑過女神的聖水；當然祭司也會得予藥物治療，之所以建在神殿旁，自然是希望得到神明的幫助，病痛得以消失。

▌昂首翹望埃及最美麗的壁刻

以希臘神話故事的十二星座，和埃及曆法的獨特融合表現。

　　進入丹德拉的主體時，抬頭上望就可以看到埃及最美麗的壁刻！那是以希臘神話故事的「十二星座」，和埃及曆法的獨特融合表現。我們應該由神殿的左側開始慢慢參觀。第一道天花板所描述的內容是：天空女神——諾特，拱著身體構成天空，祂的四肢成了宇宙的支柱。而祂正吞食太陽（落日），然後太陽在祂體內經過夜空閃耀的星星，最後從子宮太陽重新誕生出來，各位可以看到陽光中一張哈陶爾女神的臉。

　　第二道天花板上，在頭尾兩側可是看到長著四個翅膀的風神，鼓動翅膀讓白天充滿了氣息，包圍著代表白晝各個時刻的動物圖騰。第三道天花板上，以 12 艘聖舟象徵日間的 12 個時辰，每一艘船上都有一位代表該時辰的神或

白羊座　　雙魚座　　代表十天一週的聖舟　　天空女神——諾特吞食落日　女神的雙手　　↓ 丹德拉第 1 道天花板

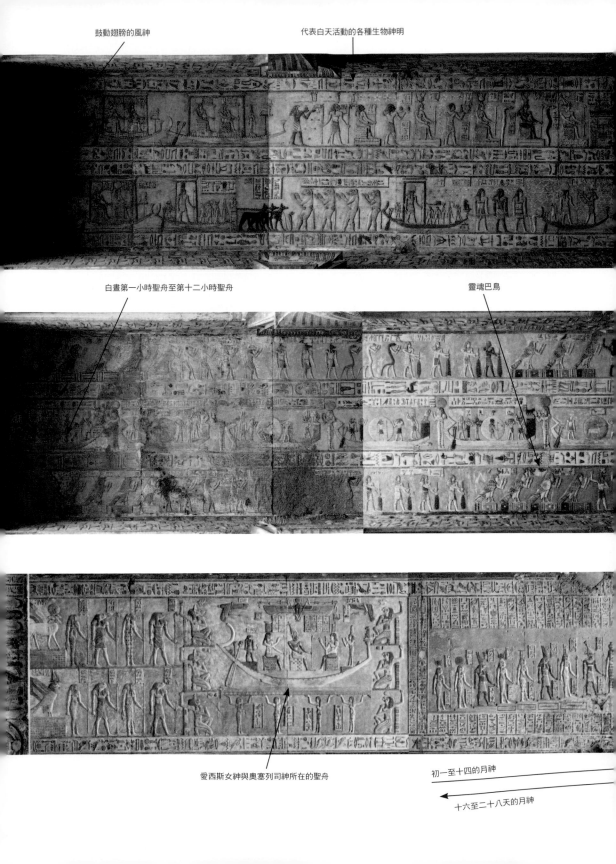

鼓動翅膀的風神

代表白天活動的各種生物神明

白晝第一小時聖舟至第十二小時聖舟

靈魂巴鳥

愛西斯女神與奧塞列司神所在的聖舟

初一至十四的月神

十六至二十八天的月神

撑起天地的諾特女神　　　　鼓動翅膀的風神

引導前往黑夜的衛普華衛特

十五滿月

荷魯斯之眼

由上往下依序為：
↓ 丹德拉第 2 道天花板
　丹德拉第 3 道天花板
　丹德拉第 5 道天花板

女神乘坐。正中央的天花板，也就是第四道天花板上，不斷的以上埃及的鷹圖騰與拉——赫拉加提的標誌出現。

第五道天花板：伊西絲女神與奧塞烈司神所在的聖舟。中央刻劃著一道階梯，代表月亮從低階（初一），慢慢走上第 15 天的月圓，又再度走回第一層，總共月亮 28 天的盈虧。第六道天花板上，是對應著第二道天花板，風神鼓動翅膀，讓夜晚充滿了氣息，以及代表黑夜各個時刻的動物圖騰。第七道天花板，也是入口的最左邊，雕刻著哈托爾女神的面貌成為太陽的光芒，引導著 18 艘船隻的方面。每一艘船上都站著一個女神，頭上有不同的星座圖。這是埃及祭司以「德坎」的觀星器，測量出每 10 天出現在哈托爾神殿上方的星星形狀所紀錄下來的，因此每艘船代表了 10 天的天空，共 180 天的上半年，下半年在第一道天花板上。

▊ 光明殿　絕世女神的足跡。

↓ 丹德拉神殿——地下密室浮雕

丹德拉神殿的特殊之處，除了「天文天花板」之外，還有唯一的「神秘地下室」和「屋頂宗教建築群」的結構。「神秘地下室」中有幾幅非常有意思的壁刻，有好事者穿鑿附會成「電池」和「古代電燈」，其實那是一段神話：「當荷花從原始混沌中綻現時，拉神在黑暗中張開雙眼，淚水慢慢經過它的

臉，滴落到地面，變化為一個絕世美女。眾神為祂取了一個珍貴的名字——「偉大的哈陶爾女神」。那是描寫宇宙初生的蓮花。

面對「至聖堂」的左邊，有一個盤旋而上的樓梯間，兩旁牆壁上可以看到各個祭司手持古埃及 42 個省；所有城市的標誌做為杖儀隊，以及有眾神與法老一起虔誠前進中的雕刻，這條道路直接將人導引到廟頂的「光明殿」前。「光明殿」是由十二根哈陶爾柱

↑ 丹德拉神殿階梯

與樑組成，象徵太陽在人間大地的十二個小時。這個小建物沒有屋頂，但古代應該有活動的布或木材所覆蓋，儀式進行時再抽去。這個「光明殿」在每

↑ 丹德拉神殿——光明殿

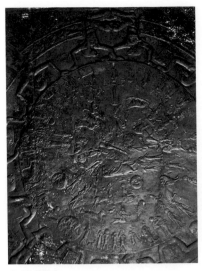

↑ 12 黃道宮

年的 7 月 20 日，古埃及新年的那一天，女神雕像將從聖壇中迎出，以音樂與鮮花為前導，分由上述的樓梯安置在「光明殿」中（這時移去屋頂），在這最神聖的大年初一日子中，接受最神聖的初陽照耀，以此淨化女神雕像及吸收太陽神的威光！儀式結束後，再由神廟的右邊（東側）直直的坡道返回聖壇。

屋頂上的兩邊各有一個小聖堂，每一個小聖堂除了前廳外還有三個並排的房間。樓梯上來的聖堂內，刻劃著：陰間之神奧塞烈司被弟弟殺害的故事。另一側的聖堂內，刻劃著：奧塞烈司復活前的地下世界，以及關於復活的描述。這個聖堂的前廳的天花板上，就是著名的「黃道帶」雕塑，但是它是石膏的複製品，原件已在 1821 年時被偷取，現存於法國羅浮宮。考古學者根據這個「黃道帶」雕塑推算這座神殿是西元前 47 年 7 月 16 日動工，是目前唯一知道確實動工時間的神殿。

▎四方來儀的聖湖

神廟西面不遠的地方有一個聖湖，用了 4 萬塊大形泥磚所砌成。原本是進行宗教儀式的場地，例如：神靈附在神像前淨化神像的儀式，而現在裡面長滿了樹和灌木。然而它依然保存維護得很好，而且當初建築它時很用心，這一點可以注意它的牆有點向外彎以抵抗周圍土地的壓力，以維

持得更久上看得出來。聖湖 4 個角落都有樓梯可走到池底，可能象徵世界的 4 個角落，因為根據記載：聖湖常上演一些特定的戲碼，例如荷魯斯與塞特（Seth）的戰爭或荷魯斯與哈托爾的聖婚等，即時有 300 多艘船在湖上航行（應該是模型小船）應該同樣在此舉行，兩位各坐一艘裝飾漂亮的船上。

最後在神殿的左後方的外牆上，有極為難得的埃及艷后克麗奧佩脫拉（Cleopatra）與兒子凱撒——托勒密十五世（Caesarion —— Ptolemy XV）一起祭神的浮雕。正後方外牆上有一個面部被破壞的哈陶爾女神頭像，周環的象形文字表示此廟的範圍。由於神殿內不准一般百姓入內，因此埃及神廟會在最靠近「至聖堂」的地方，銘刻神明的圖騰以供百姓膜拜。

↘ 聖湖

埃及最大古蹟——
卡納克大神殿

從最興盛的十八王朝開始，陸續增建了 800 多年。在強大的國力支持下，卡納克大神殿成為埃及最大的神殿群。

卡納克大神殿第一塔門

卡納克大神殿是埃及最大的神殿群，可能也是世界面積最大的千年古蹟。它是新王國時期，國家主神阿蒙（Amon）的主要殿宇，所以也稱為「阿蒙大神殿」。阿蒙神原是底比斯地區赫蒙（Khmun）地方的風神或空氣神，通常呈人形，頭戴羽毛王冠，有時也以公羊、公牛或鵝的形象出現。

▌從一個土地公升官成玉皇大帝

阿蒙神殿最早建於古埃及十二王朝（西元前 1991 ～ 1786），十四王朝

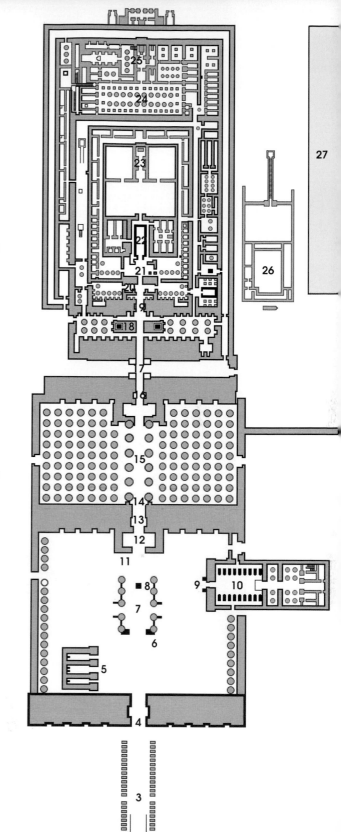

1. 神舟上岸的碼頭

2. 十九王朝塞提一世建造的兩座小型方尖碑

3. 拉姆西斯二世建造的「獅身羊首大道」

4. 第一塔門

5. 十九王朝末期塞提二世所建造的阿蒙家族神龕

6. 面容疑似圖坦卡門的「獅身人面」像

7. 二十五王朝的塔哈爾卡法老所建造的大型涼亭，以提
   供聖舟臨時休息場所

8. 聖舟臨時停放，進行迎神典禮的雪花膏石

9. 兩尊拉姆西斯三世立姿塑像

10. 拉姆西斯三世神殿

11. 二十一王朝屏奈傑姆一世的大型塑像

12. 第二塔門

13. 尼羅河氾濫記號

14. 面容疑似圖坦卡門的立姿塑像

15. 「大多柱廳」

16. 第三塔門

17. 原本立有圖特摩斯一世、三世的 4 根紅色花崗岩方尖
    碑，（目前僅存一根）

18. 哈特謝普蘇特女王，所立的大型方尖碑，高度大約 30
    公尺、重達 200 噸

19. 十八王朝──圖特摩斯一世建造的第五塔門

20. 圖特摩斯三世凝視他所征服的敵人名單

21. 圖特摩斯三世建造的第六塔門

22. 以紅色花崗岩建造，放置聖舟的神聖場所

23. 中王國時期所建造的阿蒙神殿（今無存）

24. 圖特摩斯三世的宴會大廳

25. 各式植物圖案的房間

26. 二十五王朝的塔哈爾卡法老所建造的湖旁住宅

27. 聖湖

時，由於埃及南北內戰，讓由西亞而來的西克索人（hyksos）人趁虛而入，統治了二百多年，直到十八王朝時，南方的埃及王族以祂為旗幟，完成復國大業，並且以底比斯為首都，建立了新王國，因此阿蒙也成為新王國時期（十八王朝）的國神。原本一座小神殿在歷任法老王，不斷擴建才成為埃及最大的神殿群。

實地參觀，走出「簡報室」之後，就來到一片廣場，這裡在 3000 年前是一處人工港灣，停泊著前來朝拜的船隻，或宗教性質的聖舟。過了簡單的安檢以後，就踏上古代石製的碼頭了。古埃及人認為：神性平時並不在神像之中，而是透過儀式清潔神像之後，放在聖舟之上，抬到尼羅河上繞圈圈，這時神性才進入神像之中。所以埃及的神殿都有一個特性，就是面對尼羅河，而碼頭就是迎新神明神舟的第一站。上面有一塊小方尖碑，是十九王朝傳奇

第一塔門前獅身羊首群像

法老——塞提一世所立。

　　獅身羊頭群像緊接碼頭之後，羊是阿蒙神的神聖動物，而獅身是指阿蒙的勇猛，因為祂也是太陽神，所以，公羊大道也可以叫它日光大道。盡頭就來到「第一塔門」前（113公尺寬，15公尺厚），雖然叫第一，其實它是最後才建造的塔門，由埃及的最後一個王朝，也就是三十王朝的奈克塔內博一世（NecteneboⅠ）所興建，但是尚未完工，（背後土製鷹架尚存）原始的大門是用青銅為主要材質所製，再飾以黃金等貴重金屬，就是因為貴重如今才會蕩然無存（10個塔門的門都沒了，但第十塔門「康斯神殿塔門」保存的最好、最美）。塔門上有數行垂直排列的兩個方形洞，這是支撐高聳的旗桿的輔桿所插入的洞口旗桿（旗桿與輔桿成90度相交），埃及人稱為尼特（neter）是神的象徵。也是埃及神廟的特色之一。旗桿是採用外國進口的黎

◆ 塔哈卡涼亭和第二塔門

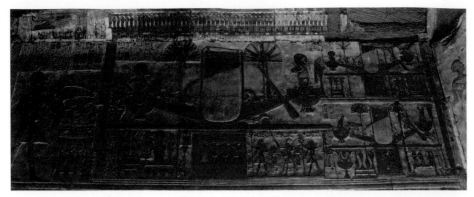

巴嫩杉所製（埃及本身不產木材），桿頂飄揚著三角旗，二千年前，這座裝飾奢華的塔門，在沙漠中顯得英風颯颯，讓多少外國賓客心折不已。

134 根如參天古樹般的大石柱形成巨大殿宇

　　過了第一塔門之後，來到一個廣大的中庭，正前方是「塔哈卡涼亭」的遺蹟，可惜在西元 796 年被地震震毀，僅存一根巨柱是完整的。涼亭的作用是聖舟登陸之後，暫時停放以及舉辦迎神典禮之地，亭中的「雪花方石」就是聖舟放置的地方。左手邊是十九王朝——塞提二世（Seti II）建造的阿蒙家族神龕，它有三個小神龕分別是屬於阿蒙，祂老婆——穆特（mut），和兒子康斯（khonsu，月與醫療之神）的神龕，保存尚完整。

　　右手邊是二十王朝時建造的「拉姆西斯三世神廟」，想知道拉姆西斯三世（Ramses III）長什麼樣子嗎？門口那兩個正在走路的塑像就是他！入廟之後的中庭全部以「奧塞烈司」的形態，來做為列柱的素材呈現，這是現世

多柱廳

法老王神性的代表。這個地方三千年前，是存放穆特、康斯，或其他神明神舟的地方。

　　過了涼亭之後，是「第二塔門」，門前有兩座紅色花岡石，所雕刻的拉姆西斯二世殘像，和一個二十一王朝的屏奈傑姆（Pinudjem）塑像，許多人將它誤認為拉姆西斯二世，其實比較一下就可以發現十九與二十一王朝的風格不同。「第二塔門」右側的門框上，有一個黑色筆跡的記號，那是尼羅河氾濫的水位高度記號。過了第二塔門馬上就到了卡納克大神殿，最具代表性建築體──「多柱式大廳」！此地由 134 根如參天古樹般的大石柱，以 16 行列的方式，共同撐起廣大的天花板，中間的兩列，特別的高大、粗壯、突出（高約 22 公尺），是為了在上方另外構成氣窗的結構。這座偉大的建物，是由十九王朝的塞提一世所起建，完工於他的寶貝兒子──拉姆西斯二世。（一說完工於二十王朝的拉姆西斯六世）每根沙岩石柱都刻繪有炫麗的圖案（有些地方顏色尚在），內容除了法老向阿蒙神獻祭之外，就是兩位法老凱旋歸來的場景。

▲ 女王方尖碑

▍隱藏起來的巨大方尖碑

　　第三塔門的前廳與多柱廳是相互交疊的，這部分是十八王朝──安門荷特普三世（Amenhotep III）所建。過了第三塔門之後，有巍峨的方尖碑可看，這裡原本有四根之多，是

一代女王之父──圖特摩斯一世（Thutmosis I）與圖特摩斯三世（Thutmosis III）所立，因為種種因素，目前僅存一根。這邊也是與通往第七～十塔門、「穆特神殿」（封閉中）的第二軸線相交之地。第四塔門與第五塔門距離很近，兩

↑ 聖舟之殿

者都是圖特摩斯一世建築的。塔門與塔門之間，原本是圖特摩斯三世為了封閉「女王方尖碑」的地方，後來因地震才使巨大的方尖碑重現出來。這根一代女王──哈特謝普蘇特（Hatshepsut）所立的方尖碑，是埃及所立最大的一根（高約 30 米，重達 200 噸）。

她的繼子圖特摩斯三世（Thutmosis III），不願她的名稱流傳後世，但又無法除去這根超大型方尖碑，只好建高牆將它圍起來……在沒有飛機的那個年代，的確暫時達到他的目的，但也因此讓這根方尖碑不受外界干擾，完美的保存下來。

經過不太明顯的第五塔門之後，在前進方向的左側，有一尊號稱「埃及的拿破崙」──圖特摩斯三世的座像，它的眼睛所注視的牆壁上，刻劃著數十個他所征服的國王名字，其炫耀他的戰功意味十足。然後是個小小的第六塔門，就到達目前卡納克大神殿的核心──「聖舟之殿」！這是以堅硬無比的紅色花岡岩所打造的，之所以用這種特殊的建材，就是為了凸顯這裡的尊貴！在 3000 千年前，阿蒙──拉（Amon-Ra）出巡時的黃金聖舟（推測應該是貴重木材，貼上金箔）就停放在這裡。

↑ 注意宴會廳前面圍起來的小殘蹟，就是至聖所遺址

▌ 3000 年前最神聖的地方，如今最被人忽視

　　過了「聖舟之殿」繼續向前行，在到達下一個建築物前，會走過一片空地，可以看到一個由簡單繩子圍起來的區塊，其實這是阿蒙大神殿最神聖地方——「至聖堂」的所在地！也是當初中王國時代，那個阿蒙小神廟。之後卡納克大神殿所有的建物，都是貢獻給這座小神殿的。之前曾經介紹阿蒙只是一個「空氣神」，埃及最高的神明是太陽神——拉 Ra，法老王以其子的身分統治大地。

　　但在十八王朝時，將阿蒙和拉融合在一起，稱為阿蒙——拉，如此阿蒙——拉就成了眾神之父、至高的太陽神。如今 3000 年前極度神聖的地方，任人默默的經過，甚至忽視這塊土地，怎不令人唏噓……。

　　「宴會廳」是第一軸線上，最後一個較為完整的大型建物，是圖特摩斯三世為誇耀自己的戰功所建。這裡依稀可以看到當年的顏色，以及當作教堂的痕跡。在之後是紀錄埃及物產的「植物庭」，其中有各種植物和動物的圖騰。最後在中軸線上，是圖特摩斯三世建造的奧塞烈司列柱神殿，和哈特謝普蘇特女王建造的一對方尖碑做為結尾。

　　走完第一軸線之後，「聖湖」勢必一遊。這個聖湖是十八王朝的阿曼霍特普三世（Amenhotep III，圖坦卡門的爺爺）為了討好新婚妻子（伊拉克公主）命人在 15 天之內完成的禮物—— 1700 公尺的聖湖！聖湖的作用，除了提供宗教儀式的進行之外，也供應祭司們生活所需。其中一項宗教儀式是這樣的：辛苦的祭司必須在每日天亮之前，將眾神神龕移到此處，將神龕內的神像取出後，用聖湖水清潔乾淨，然後放置在高處，使其接受到第一道陽光

心願聖甲虫

的祝福。儀式結束後再用高貴的布料包裹起來，放回神龕，恭敬的送回住處，等待明天的復始。聖湖旁有一處小遺蹟，通常沒人注意到，那是興建「第一塔門」的二十五王朝的塔哈爾卡法老所建造的湖旁別墅。別墅遺蹟之旁有一個「聖甲虫」的立體雕像，到現在還有人相信：只要逆時鐘繞著它轉七圈，聖甲虫就會是幫你完成一個心願噢！

■ 衰敗

神殿的大祭司篡奪法老王，名不正言不順的處境，讓埃及全境瞬間四分五裂。

中國人有句老話：「水能載舟、亦能覆舟」，卡納克大神殿的阿蒙神也許真的曾經帶領埃及人到過光榮的時刻，但祂也難敵人心的不測。二十二王朝時，阿蒙走上歷史的高峰，但神殿的大祭司篡奪法老王，名不正言不順的處境讓埃及全境瞬間四分五裂，二十一至二十五王朝紛紛自立，最後讓亞述人攻破底比斯城（二十五王朝時），此地遭到空前的破壞……。西元1902年，李格蘭（G.Legrain）在主神殿與第七塔門之間，發現大批的雕像被隱藏起來，共計石像779尊、青銅像17000尊，可能就是當殘酷的亞述人撞擊卡納克大神殿堅固的青銅巨門時，祭司與最後的戰士們，一部分人利用十道大門遲滯亞述攻擊，另一部分人深藏這一大批雕像，並且企求重見光明的一天；為埃及文化盡最後一次心力……。

卡納克、阿蒙大神殿經過亞述、波斯人的破壞；地震、時光的摧殘，已經成為一個巨大的石料廢棄場。考古學者在 1986 年，開始對神殿內的數萬塊石塊照像、編號，並且以電腦拼湊出原形。雖然如此，還需要百年之後才能重現千年前的面容，希望我們的後代能夠珍惜這個來得不易的遺產。

6 法老自我讚頌之地——

路克索神殿

不同於一般面向尼羅河的神殿，而是附屬「卡納克大神殿」的一部
分；並非獻給哪一個神明，而是法老王頌揚自己偉大的地方。

今天埃及的路克索（Luxor）是阿拉伯語「眾多神廟的地方」的意思。受希臘人的影響，這裡也叫底比斯，但事實上新王國時期這裡叫瓦士特（Waset），因此路克索神殿之名，只是以如今所在的地方命名，而本文的「伊普特──雷蘇特」的本名已逐漸消失在人們的記憶當中。

■ 塔門 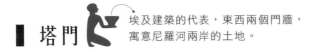 埃及建築的代表，東西兩個門牆，
寓意尼羅河兩岸的土地。

路克索神殿是一座非常特別的神殿，它不同一般面向尼羅河的神殿，而是附屬於「卡納克大神殿」的一部分，原本有一條長約三公里的「獅身人面大道」和卡納克大神殿相連，如今在神殿前仍有一小段，可以緬懷過去時

路克索神殿

1. 拉姆西斯二世座像

2. 方尖庫

3. 圖特摩斯三世建築的殿宇

4. 拉姆西斯二世廣場

5. 拉姆西斯二世王表

6. 王座下的尼羅河神──哈比，將上下埃

　 及統一在拉姆西斯二世名字之下

7. 工程與測量女神──塞斯特 Seshat

8. 安門荷特普柱廊

9. 人民觀慶「奧彼特慶典」圖刻

10. 路克索神殿平面圖

11. 安門荷特普大廳

12. 月亮神──康斯房間

13. 穆特房間

14. 亞歷山大大帝的房間

15. 克嫩在轉盤上製造人類

16. 露天博物館（復原圖騰）

路克索神殿平面圖解 ➜

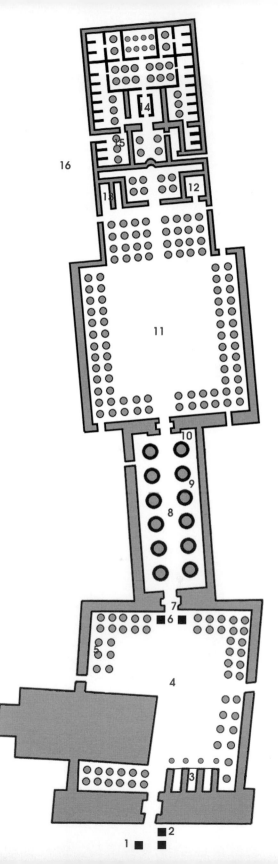

▲ 路克索神殿——方尖碑

光……而這座神殿也不是獻給哪一個神明，而是法老王頌揚自己偉大的地方。

路克索神殿的特徵，就是塔門前的兩個大型法老座像，以及一個方尖碑（25呎）。方尖碑原本有二個，但在1836年時，由當時的埃及總督——穆罕默德·阿里，當禮物送給了法國國王路易士。路易士皇帝將這座方尖碑放置在今天的「協和廣場」（de la Concorde）中。方尖碑的旁邊各有三尊拉姆西

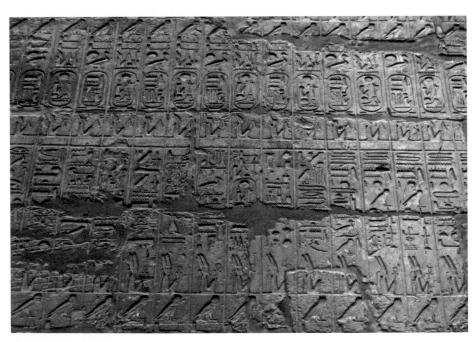

▲ 路克索神殿——拉姆西斯二世王表

↑ 安門荷特普柱廊

斯二世的雕像（兩坐四立），其後是埃及建築的代表「塔門」（Pylone），塔門造型的意義是：兩個東西門牆，代表尼羅河兩岸的土地，頂上連接的門楣是象徵地平線，也是太陽神每日巡行的道路。

　　過了塔門之後是長 188 呎、寬 168 呎的「拉姆西斯二世大廳」這邊環首四周全是拉姆西斯二世的雕像，在前進方向的左邊，一群立像的背後牆壁上，可以看到「拉姆西斯二世」有多麼的狂妄自大！他仿傚「塞提一世神殿」的「歷代王表」，拉姆西斯二世獻祭給數百個名單上的王名，但王名只有尤賽爾瑪勒——拉姆西斯二世（Usermaatre-Ramses II）一個名字而已，彷彿埃及從盤古開天到如今，只有他一個法老王而已。

▋ 王座上的雙性人妖？

　　過了大廳，在「安門荷特普柱廊」前，還有兩座很完整的拉姆西斯二世座像。在這裡咱們可以端詳一下法老王的王座，這是仿造古時的法老王寶座。首先可以看到寶座側面刻著一對長乳房的男人，他們是同一個人，而且他不是人妖喔，他是尼羅河神——哈比，他將上下埃及的代表物——紙莎草和蓮花結合在一起，象徵他是上下埃及的王，以及下面一票名字，那是被法老征服的民族。寶座背後有一個頭上有星星，手中拿筆的女神，她是工程與測量女神——塞斯特（Seshat）。

　　經過法老座像之後，就是由七對 16 呎高的柱子構成，宏大的「安門荷特普柱廊」，這是由安門荷特普三世與他的孫子——圖坦卡門共同完工的。值得一提的是：柱廊完工於圖坦卡門，這位年僅二十歲的年輕法老去世之後，有人刻意剷去他所有的記號，但是可能有一位有良知的無名工匠，在一個隱

秘的角落，留下了圖坦卡門全名中的一個名字——「內克浦如瑞」，讓世人知道他曾經存在於世上。所以此地也是除了帝王谷內，惟一留有圖坦卡門名字痕跡的地方。不過因為隱秘又高聳，因此一般觀光客無緣相見。

↑ 王座後塞斯特 Seshat 工程與測量女神

瘋狂的奧彼特慶典

在柱廊盡頭的右邊，有一幅「路克索神殿」正面的全景壁刻，這是埃及唯一一幅刻劃建築物本身的壁刻，可以見圖遙想當年的壯麗！順著壁刻反方向往回走，隱約之中有一幅「奧彼特慶典」壁刻。這是每當七月分尼羅河氾濫以前，大約是「索提斯」（Sothis，天狼星）出現在地平線之前，埃及將舉行為期 11 ～ 27 天的「奧彼特慶典」，預祝尼羅河的氾濫成功！高潮劇是法老王以「現世神」的身分，由「獅身人面大道」走向「卡納克大神殿」，大道兩側人民載歌載舞，歡呼雷動的樣子，當時愉悅的心情傳染給千年後的我們。

過了柱廊之後是「安門荷特普大廳」。這裡曾經被改成基督教的聚會場所，就在前進方向的左上角的牆壁上，還能依稀看到「最後晚餐」的殘蹟。通過希臘式的門楣之後，就是神殿的最後，原本是安門荷特普三世的「誕生房」，是紀錄阿蒙神變成安門荷特普三世之父——圖特摩斯四世，然後與母后生下自己的經過，如今被希臘人改為紀念亞歷山大大帝的地方。

↑ 路克索神殿──露天博物──修補石刻

參觀完亞歷山大紀念堂中，希臘式的浮雕之後，另一個房間的左側有克嫩（Khnum）神，在轉盤上以陶土塑造出人類的神話故事。在出口的最後，有一個小型的露天博物館，那是考古學者將無數碎片，重整的心血結晶，佚失的石塊用現代方式補上，很值得一觀。

7 埃及的少林寺——

梅迪涅特哈布神殿

這裡紀錄了古代埃及士兵武技和訓練的方式,以及大量展現軍武的地方,惟一僅存的法老行宮,也值得一看!

↑ 拉姆西斯三世哈布神殿——米格多爾衛門

梅 迪涅特哈布神殿，簡稱「哈布神殿」或「拉姆西斯三世神殿」，但非常容易和「卡納克大神殿」內，擺放「神舟」的「拉姆西斯三世神殿」混淆，因此大部分人稱做「哈布神殿」。

「哈布神殿」位於埃及路克索——尼羅河的西岸，是除了東岸的「卡納克大神廟」之外，最大的神殿，也是一座最特殊的建物。它由二十王朝（大約商代末期）的尤賽爾瑪瑞——麥爾亞阿蒙——拉姆西斯三世（Usermaatre meriamun Ramesses heqaiunu）為紀念對「利比亞海戰勝利」而興建的紀念物，也是拉姆西斯三世到尼羅河西岸時的臨時宮殿。三世之後成了「卡納克

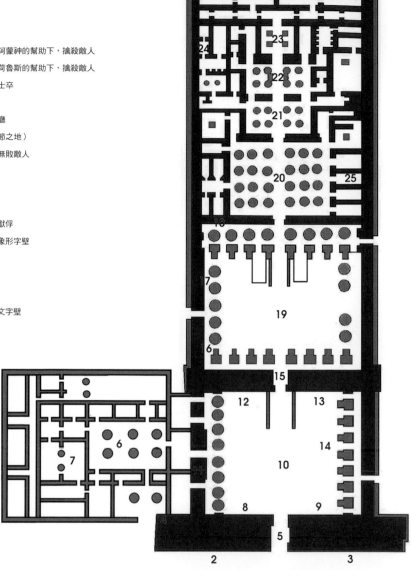

拉姆西斯三世神殿平面圖解説 ➡

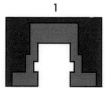

大神殿」祭司團的總部，以及他們的倉庫。西元前674年，亞述王——尼布甲尼撒（Ashurbanipal），攻入底比斯之後，埃及千古的建設受到亞述無情嚴重的破壞。「卡納克大神殿」的「阿蒙神」^{註1} 地位漸漸下降之後，這裡也漸漸荒廢。

■ 無敵的死亡陷阱——米格多爾衛門

進入「哈布神殿」之前，首先會被一個奇特的建物所吸引，那是仿造三世軍隊在「利比亞海戰勝利」期間，在「巴勒斯坦」地區所見到的碉堡而建的。這個碉堡被稱為「米格多爾（Migdol）衛門」。衛門的設計精巧，肯定是累積許多流血的經驗而形成的，它其實是由左右兩座大型塔樓所建構，而形成一個「ㄇ」字形。換言之：它除了可以攻擊到左右城牆下的死角之外，又能讓衛門內的敵方士兵受到前方和左右的三方攻擊！因此在這兩座塔樓之間的二十多公尺的距離，被稱為「死亡走廊」！相信當時這座「米格多爾衛門」帶給埃及士兵莫大的犧牲。但如此固若金湯、百攻不破的碉堡，還是在三世腳下臣服，因此仿造這座建築物放在神殿之前，無疑是紀念當年犧

↑ 哈布神殿——米格多爾衛門——死亡走廊

牲的士兵，及頌揚他們的勇猛，不畏死亡！
還有法老的神聖力量！

　　這座碉堡之前，還有兩個小「哨堡」，
由「哨堡」延伸出一道「胸牆」（或稱女
兒牆）包圍著「主城牆」和全部建築，至
今「哨堡」左邊尚可看到幾個葉形「城垛」。
之後的主城牆反而看不出原始風貌了。與
碉堡交錯的建築物是十八王朝，瑪卡瑞

↑ 神殿內深刻的文字

──哈特謝普蘇特（Hatsheput）所建的宗教建物。走進碉堡之後，兩旁的
女身獅頭像是阿蒙之妻穆特（Mut）的變身──塞克邁特（Sekhmet）戰爭
女神 註2 ，以及三世向孟菲斯地區主神──卜塔（Ptha）獻祭的壁刻。你可
以發現這裡的壁刻特別特別的深，這是因為古埃及有塗改神廟紀錄的習慣，
拉姆西斯三世這個舉動，就是怕後人奪走了他的功勞。

▌ 埃及塔門上的巨幅廣告 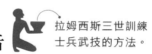 拉姆西斯三世訓練士兵武技的方法。

　　過了「米格多爾衛門」之後，左邊的聖湖和正前方的第一塔門，已了無
痕跡，一般人都把看到的大塔門，當是第一塔門，其實它是第二塔門，也是
「哈布神殿」主體建築的開始。也非常非常難得的是，脆弱的塔門門楣還在！
（荷魯斯神殿是希臘時代的托勒密王朝所建）要知道由商代晚期至今，3000
多年的歷史，能保留到今天，真是鳳毛麟角了！這要感謝沙漠曾淹沒了它幾
千年，才讓後人可以見識到難得一見的古蹟！

　　這座第二塔門上，傳統的刻劃著拉姆西斯三世，在神明的幫助下，戰勝

↑ 拉姆西斯三世哈布神殿——第一塔門

了不自量力的敵人！左塔門上是頭戴上埃及白王冠的三世法老；在「阿蒙神」
的幫助下，一舉擒殺了無數敵人！右塔門上是頭戴下埃及紅王冠的三世法老；
在「荷魯斯」的幫助下，一舉擒殺了無數敵人！兩座塔門下方都是雙手反縛
的俘虜，他們的名字也一一紀錄在下方，跟著法老一起留名後世。左塔門的

↑ 第一塔門後，拉姆西斯三世訓練士兵

↑ 拉姆西斯三世行宮遺蹟

後面，有一幅難得的壁刻，那是三世率領著士兵藉著圍獵的方式，訓練武技，這是埃及少見的壁刻主題，很值得欣賞！

這幅壁刻附近，就是三世的行宮。這更是埃及極其珍貴的遺蹟！因為古代埃及中，只有宗教性建築物可以用石材來建築，其他都是泥磚所建，連皇宮也不列外，只是差別於塗上白土後，飾以豐富的壁畫而已。所以古埃及的土製皇宮很容易損壞，而且每位法老登基之後，或在位三十年之後，就蓋新的皇宮，舊皇宮就遺棄了。因此古埃及都沒有保存下來，就凸顯這座皇宮殘蹟的難能可貴了！

▌威懾西亞的埃及皇宮，就這樣？

進入行宮之中，很難相信這就是威懾西亞、叱吒中東的埃及帝國皇宮，居然會這麼侷促狹小！在各方使節等待賜見的「六柱大廳」之中，只比現代一般家庭中的客廳大一點點而已，通過一條走道之後，真正能見到法老的地方更是狹小的不像話！如果不是「雪花石」所製的「御座台」以及兩側帝王的「卡達旭」（Cartouche）標誌，和黑色玄武岩的柱基等等，特殊結構表現出至尊的身分，否則真不敢想像埃及帝王的皇宮如此這般……可見大家都是被電影中的場景唬弄了。皇宮內另一個特殊場景也不可不觀，那就是 3000 千年的廁所，也是非常罕見的！

過了「第二塔門」之後，是「第一中庭」。在「第一中庭」內的「第二塔門」背後的圖刻很容易懂。一幅是三世法老駕著馬車馳騁在戰場上，無數的敵人被他擊殺，倒在他的車輪下。另一幅是三世檢視部下戰勝的報告，各位猜一猜三世為了防止部下冒功，要求他們上交人體那一部分，作為戰功憑

↑ 第一中庭奧塞烈司列柱與第二塔門

↑ 第三塔門

證？「第一中庭」左手邊的壁刻主要可以看到三世訓練士兵的場景。一組組的士卒或手執兵器互鬥或互相扭打，一幅模擬戰場肉搏的景象，是其他地方極難一見的壁刻！某些地方的顏色尚在更是難得！細看之下，有的在「扼頸壓制」、有的在「反身扭手」，甚至在做「過肩摔」等等動作。在相當於中國商朝的年代，能有這些高技巧的動作，可見古埃及相當重視單兵在戰場上的能力！

「第一中庭」內的柱子也很奇特，右手邊是「紙草柱」，左手邊是「奧塞烈司式柱」呈現不統一的景象，這違反了古埃及的建築習慣。原本「奧塞烈司式柱」是出現在紀念某位法老的神殿之中，以彰顯那位法老的「神性」，但拉姆西斯二世和三世二位，似乎迫不及待地「位列仙班」。在二世的「阿布辛貝神殿」、「拉姆西斯二世神殿」（在路克索）；及三世在卡納克、哈布這裡，都是他們在世時，就向世人誇耀自己的「神性」。

古埃及最後一場大勝利──利比亞海戰

「第一中庭」內的「第三塔門」左邊壁刻是三世向「阿蒙神」和「穆特神」獻戰俘，右邊壁刻是三世以象形文字向世人誇耀「利比亞海戰」的勝利！過了第三塔門之後，就是「第二中庭」。在左手邊的迴廊內，前半段的壁刻是三世向神明的聖舟獻祭。後半段的壁刻是以象形文字所描述的「利比亞海戰」的經過。

那是發生在拉姆西斯三世在位第八年時，利比亞人串聯「海民」由埃及東面的巴勒斯坦地區，及地中海方向的海面上，發動雙方面入侵的大規模戰爭！「海民」是歷史上有待討論的群體，極可能是海洋民族「腓尼基」（phoenicia）的前身。強大的西臺（Hittitie）帝國曾經遭受他們的攻擊之後，而導致滅亡，是當時很可怕的敵人。拉姆西斯三世冷靜的分析戰況之後，命令尼羅河三角洲守備隊以大量的弓箭守備，不准出戰！然後先集中力量出征；擊敗巴勒斯坦附近的敵人，再回師毀滅海上艦隊！這是人類歷史上的第一場海戰，也是古代埃及最後一場大勝利。

象形文字壁的盡頭就是「顯聖窗」，這也是難得一見的建物！拉姆西斯三

↑ 顯聖窗

世法老當年就是出現在這個窗前，就像第一道陽光之神——拉——赫拉加提（Re-Harakhti）出現在地平線上一樣，在這裡接受人民歡呼，或向人民佈施恩典。

▋ 謀殺法老王！一場驚天動地的謀殺計畫！

過了「第三塔門」之後，原本應該是壯觀的多柱大廳，但是西元前27年的一場大地震，將整個後半部全部毀去，僅留淺淺的痕跡讓人發輝一下想像力，只有西南角落的「奧塞烈司紀念室」還保持著原貌，讓後人憑弔……。

最後……，一份保存於義大利「都靈博物館」的古代紙草中，記載著一

哈布神殿——多柱庭遺蹟

個駭人的故事，那是關於拉姆西斯三世駕崩的經過。在三世的許多美妾之中，有一個名叫提耶的女子，是個標準的蛇蠍美人。為了能讓她的兒子——潘特瓦瑞特能夠繼承皇位，居然膽大包天地策劃一場驚天動地的謀殺法老的計畫！（筆者懷疑三世的大祭司——赫裏賀裏 Horemheb 才是幕後主使，提耶只是被煽動的）她勾引了三世的侍衛長，企圖在三世登基 30 周年的盛大慶典上，刺殺三世……但在最關鍵的時刻中，侍衛長產生了猶豫，而讓三世逃過了一劫，沒有當場被刺死，但也身負重傷。之後這個陰謀才爆發出來，由 14 位法官審查這件大案，審查過程中三世駕崩了……。

有二件事值得玩味：第一是法老位居然是由一個祭司——赫裏賀裏來繼承？以及三世的木乃伊雙手不是如其他法老緊握著權杖，而是像平民百姓般地平張的？是否意謂謀殺他的兇手：不願他在另一世界重掌權柄，以避免將來再遇到他。

▌外傳後話　由拉姆西斯三世主演好萊塢大片——「木乃伊」。

人生的際遇，恐怕是最難計算的「因數」了。隨著 1912 年「圖坦卡門」法老的發現，「法老的詛咒」傳說甚囂塵上（至今尚未塵埃落定）。1932 年，美國好萊塢電影抓住熱門題材拍了一部電影——「木乃伊」造成非常轟動的回響！之後木乃伊這類電影每隔幾年就重拍一次；恐怕會一直拍下去吧！拉姆西斯三世在世時一定想不到！有朝一日他也會成為「好萊塢」的大明星（應該說是身體）。1932 年，電影公司向埃及借了三世的木乃伊，去演電影……在電影中三世平直的雙手伸出後，成了強力的索命工具，當年可嚇壞了許多人……現代的僵屍片還有這個影子。當年不願他在陰間重掌權柄的雙手？如

今卻掌握了人類的恐怖心理，以另一種形象永存人間，雖然人們不太知道它的存在⋯⋯。

註1　阿蒙Amon（又稱Amun、或Ammon）是當時地位最高的神祇，和太陽神相同。
註2　塞克邁特（Sekhmet）此時不是阿蒙的老婆，而是普塔神的妻子。

8 法老王永恆所在——

帝王谷

本名「德瑞爾美狄亞」谷地，位於路克索（古時稱底比斯）地區之西，是十八王朝至二十王朝之間的法老王及高官大臣們的「永恆之家」。

帝王谷

帝王谷，本名為：德瑞爾美狄亞（Deir el-Medina）谷地。它位於路克
索（古時稱底比斯）地區之西，貝尼哈山（Bani Hasan）中，也稱為
「國王谷地」。是十八王朝至二十王朝之間的法老王及高官大臣們的「永恆
之家」。

　　往帝王谷的途中，一定會經過兩座殘破的法老座像。雖然表面上
沒啥好看的，但是在西元二世紀時，由一位希臘旅行家——保羅尼亞斯
（Pausanias）的渲染下，使得這兩座「孟農」像名譟一時！原來是其中的
一座雕像在黎明時，會發聲說話！（至今王座上尚有百餘條銘文，證明曾有
的）。浪漫成性的羅馬人以為這兩座雕像，是希臘神話故事中的孟農，因此
將這座雕像稱為孟農雕像，沿用至今。

▎監守自盜的祭司

傳說中孟農（Memnon）是古時衣索比亞的國王，在特洛伊戰役中不幸被希臘的神將——阿基里斯（Achilles）所殺死，但其實這兩座塑像是十八王朝的安門荷特普三世（Amenhotep III）的雕像。事實上，此地原本是帝王皇陵的入口，也是「祭殿」的所在，隨著時光的流轉，「祭殿」早已消失……而在西元27年一場地震後，「孟農像」開始說話，招引了無數名人來此憑弔古代英雄，甚至羅馬皇帝西弗魯斯（Severus Septimius，羅馬第21位皇帝）都親自到雕像跟前，但是他好心的修復「孟農像」之後，「孟農像」就不再日出時發出聲音了。

帝王谷的法老木乃伊，在新王國時代後期，因為國家的混亂，而使得人民生活困難，而形成盜墓風氣的盛行。在二十一王朝時，駐守此地的祭司們，在萬不得已的情況下，把帝王谷內的法老遺體全部秘密的藏到「德爾巴哈里」（Deir al-Bahari）上方的大墓穴內，直到1881年加斯東·馬斯佩羅（Gaston Maspero）爵士接任埃及文物局局長，發現有一個阿布代·拉蘇爾三兄弟（Abder Rassoul）時常賣出貴重的文物，進而才在1881年7月5日重新發現這些法老們，這些歷史上的名君，至今還可以在開羅博物館二樓，看到它們的真面目。

谷中的每一個皇陵，都非常壯觀，都是偉大的藝術傑作，但不是每一座陵墓都開放供人參觀，而是輪流不定期的開放其中幾個，這個訊息會公佈在售票處，所以無法一一介紹63座皇陵，因此筆者就以編號第34號的「圖特摩斯三世陵」（Thutmose III）做代表介紹，因為其中的《來世之書》12個過程是最完整的，在其他的陵墓只是片斷呈現。了解這個傳說之後，在其它的陵墓中，均可套用。

帝王谷哭泣的孟農像

德薇巴哈陵

▎來世之書

和太陽一起到陰曹地府旅行。

《來世之書》是描述國王的靈魂跟著太陽，從西地平線消失後，經過十二個區域，前往永生復活之路。當太陽神由陰間入口進入冥界的第一個小時（第一境域），法老王與太陽神拉結合，一起乘坐太陽船進入冥界。在壁畫上可以看到：最上與最下層各畫有 42 位神祇（代表陰間 42 省的主神；和陽間 42 省的主神），歡迎著太陽神的到來。這時有數條巨蛇，口吐火焰，為太陽神照亮前進的方向。在進入第二境域的大門前，陰界尼羅河的兩岸，眾神同聲響起歌頌太陽神的詩歌：「啊～～偉大的太陽神、一切生命

▲ 來世之書第一境域

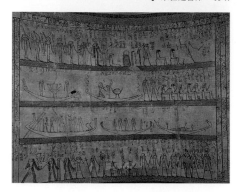

▲ 來世之書第二境域

的源頭，在宇宙間，您是那麼的美麗、那麼的光輝、您就是偉大！……」

太陽神進入第二境域後，在哈陶爾女神的帶領下，太陽船航行於冥河之上，船上有眾神的陪伴，逐漸航行到烏努斯（the Field of Wernes）區域。各位可以看到在最下層繪有手持穀物的農夫，這是通過太陽神的測試後，亡靈在烏努斯地區這裡，所獲得肥沃、濕潤的土地。第三境域是奧塞烈司的領地，奧塞烈司派出護衛，乘坐許多的船隻追尋太陽王，陪伴著太陽船前往第

↑ 來世之書第三境域

↑ 來世之書第四境域

四境域。最下層可以看到胡狼頭造型的阿努比斯，以及鳥頭造型的神，大家手拿刀劍蓄勢待發，要與前來的敵人一拚高下。

第四境域開始是蘇卡的領地……這時的冥界黑暗至極，就連太陽神也無法看到任何事物。蘇卡派出許多許多的蛇，這些都是他的部下，前來迎接太陽神。這時的太陽神非常的虛弱，由哈陶爾（Hathor）所化身的聖蛇——優拉阿斯（uraeus）弓成一個防護罩，而且散發著光芒，保衛著太陽神。而且在這個境域有一段陸地，太陽船無法航行，於是太陽神念動咒語，將太陽船化身成一條巨大的蟒蛇，通過這段陸地。為了確保平安，朱鷺頭造型的智慧之神托特將「太陽之眼」交給鷹頭造型的蘇卡，希望在牠的領域之內，好好照顧太陽神。

冥界最陰森恐怖的地方

有許多奇異的寶藏，有長著人頭的、長著翅膀的、還有長著雄獅的利爪。

到了第五境域時，太陽神已奄奄一息了，還要經過蘇卡的城堡……可以看到城堡的兩旁臥著兩隻超級巨獅，幾乎和城堡一樣大了……而蘇卡神本身就是一個邪神，喜歡吃人的心臟。他長得鷹頭人身，駕馭著一條長著翅膀的

三頭巨蟒，而且尾部長著一顆人頭，牠對太陽神不一定友善。最上層有一個小土堆，象徵著奧塞烈司的墳墓，一隻聖甲虫從墓堆冒出來，拉著太陽船的引線，避開蘇卡的城堡，繞道而行，也象徵太陽神藉此得到重生的力量。

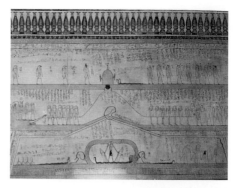

↑ 來世之書第五境域

第六境域也是奧塞烈司的領地，有九根象徵權力的權杖和一頭雄獅，做為標誌。這裡有許多奇異的寶藏，有長著人頭的、有長著翅膀的、還有長著雄獅的利爪。各位可以看到有一條巨頭巨蟒環繞著一個橫躺的人影，而且有一隻聖甲虫在人影頭上。那個人影是太陽神嶄新的肉體；聖甲虫是太陽神的靈魂，這個圖騰象徵著太陽靈魂正慢慢進入肉身之中。這時也是太陽神最虛弱、最危險的時候！因此有條五頭巨蟒的環繞保護，象徵著所有太陽神以及亡靈的復活。

↑ 來世之書第六境域

第七境域，太陽神將面臨這段旅程中最險惡的一段，太陽神的宿敵——阿帕菲斯（Apophis）在這

↑ 來世之書第七境域

裡等著消滅太陽神。如果說太陽神是一切光明和善的極致代表，那麼阿帕菲斯就是一切黑暗和惡的極致代表！是太陽神最大的敵人！幸好魔法女神——伊西絲，憑著她無與倫比的法力，制壓著阿帕菲斯，在船上的其他神明和善靈的共同出手，阻止阿帕菲斯的部下，眾多的小蛇接近太陽船，因此太陽神順利的通過了第七境域。

▌通過寂靜廣闊的木乃伊世界

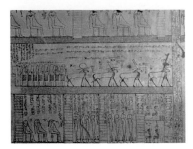

▲ 來世之書第八境域

▲ 來世之書第九境域

第八境域是木乃伊的世界，無邊的陵墓群延伸到盡頭。太陽船來到這裡時，會出現九個奇異靈體，和四隻巨大的綿羊為太陽船帶路，這四隻綿羊第一隻頭戴羽冠、第二隻頭戴紅色王冠、第三隻頭戴白色王冠、第四隻頭戴太陽形冠。在這裡的左下角可以看到一條蛇，蛇身慢慢變成一條線，線織成布料準備為太陽神更換新衣，更換新衣就算是另一種形式的重生。

第九境域是波濤洶湧的急流，並且在河面下有許多的岩石，對太陽船的航行造成威脅。幸好有十二位神靈手握船槳，穩定船隻的平衡，並且有十二條巨蛇口吐火焰，照亮前進方向。最下層可以看到三個籃子，上面是女神，象徵著提供無限的麵包以及啤酒，給太陽神以及其他神靈（太陽神 1 天 24 小時，就吃這一

餐）。在接近第十境
域前，是一片肥沃的
平原，被奧塞烈司審
判無罪的人，將在這
裡幸福的生活。

到了第十境域，
太陽神終於來到自己
的領地。四大神明高舉火把，照耀著船隻。太陽神的衛士整齊的排列著，供
神明檢視。蘇卡指揮著一隻巨大的雙頭蛇，蛇頭戴紅白二頂王冠，為太陽神
領路。在這裡還能看到一條大地精靈所化身的巨蟒。凱普利神迎了上前，與
太陽神克嫩熔化成一體，太陽神重新誕生了！最下層的河水是尼羅河，裡面
有很多溺水的亡靈。最左邊的太陽神向尼羅河中的亡靈保證，即使沒有受到
妥善的安葬，來世也可以獲得美好的生活。

▌蛇…蛇…又是蛇……

第十一境域：最上
層蘇卡神又出現了，這
次是駕馭著一條長著翅
膀的巨蟒。旁邊用紅筆
繪畫著「時光神明」騎
著一條巨蟒，這條巨蟒
正準備吞噬十顆星星，

象徵著已經過去的十個小時，太陽即將升起。中層有 12 個人拿著象徵世界大地的巨蟒，走在太陽船的前方。巨蟒前另有二條聖蛇，背著埃及的下埃及的紅王冠和上埃及的白王冠，代表無上的權威！太陽船的船頭出現了太陽圓盤。最下面一排，可以看到 6 個半圓形的圖案，拿著刀子的女神們正將已經被肢解的太陽神敵人，投進這六個低窪的地方。水中因為浸泡著惡靈的肉體，因此空氣中瀰漫著強烈的腥臭！

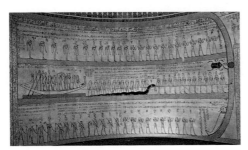

↑ 來世之書第十二境域

第十二境域：中間層畫面的正中央有一隻環繞世界的巨蟒，12 位天神合力拉動拖繩，要將太陽船由巨蟒的尾巴拉進身體中，直到太陽船由巨蟒口中重新出現，象徵著太陽復活由地平線升起。最後……初生的太陽神凱普利正在陰界的出口，下一秒人們就能看到太陽的曙光了！最上層與最下層，眾神舉起雙手歡呼，慶祝太陽的重生。太陽神為什麼要從蛇身出來？那是埃及人觀察到蛇類成長時會脫下舊的蛇皮，而以嶄新的外表重現。埃及人認為舊的蛇皮是死亡的代表，而嶄新的外表是新生的代表。就是這極特殊的現象，讓埃及人認為蛇可以經歷死亡而重生，所以第十二境域才被描寫成這樣。

埃及最美的陵墓——

奈夫爾塔里之墓

3000 年前一個「陽光因為她而有意義」的女子，3000 年後傳達另一種美。

↑ 奈夫爾塔里石刻

埃及的皇后谷在帝王谷的另一邊，顧名思義是埋葬十八、十九王朝時代皇后和皇族的墓室，其中尤以皇后谷中第六十六號陵墓、奈夫爾塔里·梅麗·安·穆特（Nefertari Mery-en-Mut）之墓，據說是路克索尼羅河西谷中最美麗的陵墓！最值得參觀。

▌黃金大廳的傳說

奈夫爾塔里是十九王朝 拉姆西斯二世法老王，百位妻子中最寵愛的妻子，在阿布辛貝地區甚至有她專門的神殿，這在埃及史上是絕無僅有的！可想而知拉姆西斯盡一切能力，來裝飾這座陵墓是情理中事，甚至民間以「黃金大廳」來傳說這個地方。直到今天這裡也非常不容易預約參觀。

當你步下墓室階梯，進入墓室的瞬間，想必會被「滿天星斗」吸引住目光，等到定眼注視，才發現原來是畫上去的。這是象徵皇后的靈魂在天空女神——諾特的子宮中，將要重新誕生出來了。其實室中有二層，第一層的左側有 ABC 三面牆上壁畫，A 面的壁畫分為三層，下層是「傑得柱」與「伊西絲結」的圖騰。（「伊西絲結」古埃及語發音為 tit，時常與代表奧塞烈司的「傑得柱」共同出現。）中層連接到 B 面與 C 面，是一篇象形文章，內容待會兒介紹到 B 面時再說。上層可以看到皇后一方面優閒地下著「賽尼特

棋」；另一方面皇后膜拜人面鳥身的「巴鳥」，拜託牠在她復活之前，好好照顧她的屍身。

B面的下層，被雕塑成一個平台，這個平台延續到C面，是以埃及獨特「塔門」作為造型參考，我們可以注意到各根柱子上面；都有皇后的「卡達旭」。當年平台上應該擺滿了祭品。中層的象形文是記述《死者之書》的第十七章，內容是講光明之神——拉（Ra），與黑暗之神——阿帕菲斯（Apophis）間的死鬥。上層是皇后的木乃伊，她的面容是綠色的，象徵植物的重生，兩側守護的老鷹是代表伊西絲（Isis）女神與奈芙蒂斯（Nephthys）女神，她們都是重要的復活神明。兩位女神的旁邊，又有一隻鷺鷥（代表水氣女神——苔芙努特 Tefnut）及另一邊的空氣神——舒（Shu，臉黑黑的）以及最左邊有兩隻獅子（有一隻看不清了），牠們是：神話故事中的大地兩個極端，太陽就在這兩點間運行，所以牠們的背上背著太陽。

C面的上層是荷魯斯神與他的四個兒子的壁畫，他們分別是：杜阿穆特

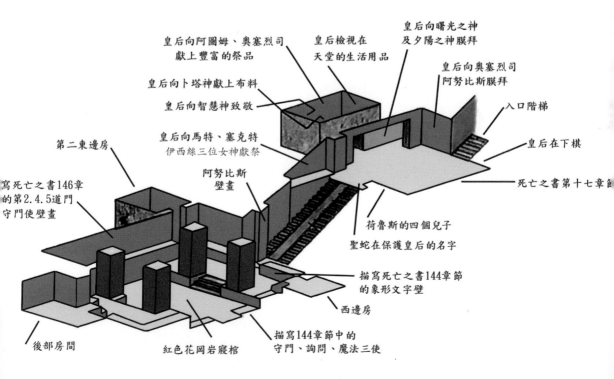

皇后向阿圖姆、奧塞烈司獻上豐富的祭品

皇后檢視在天堂的生活用品

皇后向曙光之神及夕陽之神膜拜

皇后向卜塔神獻上布料

皇后向智慧神致敬

皇后向奧塞烈司阿努比斯膜拜

入口階梯

皇后向馬特、塞克特
伊西絲三位女神獻祭

皇后在下棋

第二東邊房

阿努比斯壁畫

死亡之書第十七章

寫死亡之書146章的第2.4.5道門守門使壁畫

荷魯斯的四個兒子
聖蛇在保護皇后的名字

描寫死亡之書144章節的象形文字壁

西邊房

後部房間

紅色花崗岩寢棺

描寫144章節中的守門、詢問、魔法三使

夫（Duamutef，豺）、凱拜赫桑努夫（Kebhsenuef，隼）、哈比（Hapy，猿）、阿姆西特（Amset，人），他們都是身體的守護神，分別主管著人們的胃、腸、肺、肝。

▌不論天上地下、過去未來……妳永遠最美！

階梯的右邊隔著一個「門廳」接著一個大型的邊房，稱之為：「第一東邊房」。這裡的壁畫不僅量多，而且完整清晰，是整座后墓的精華所在。從入口開始的壁畫是：奈夫爾塔里向奧塞烈司、與「扶壁」上阿努比斯神膜拜；然後是「門廳」門楣上的圖騰非常特別，它是羽毛與眼鏡蛇交替輪流出現，加上中央的神靈，扶著前後兩個圓圈。這組圖騰的意思是：羽毛代表天、眼鏡蛇則是代表地，中央的神靈是時間神靈，身前的圓圈是未來，後面的圓圈是過去。所以整體的象徵是：「天上地下、過去未來」，也就是老公送給老婆的一句噁心的話：「不論天上地下、過去未來…妳永遠最美！」

「扶壁」的兩側上是兩個奈特（Neith）女神在歡迎皇后的到來。這個女神較少出現，原本是尼羅河三角洲的塞斯（Saia）地區的區域小神，是掌管戰爭與創造的神明，她的特徵是一個盾牌與二隻箭，她在埃及二十六王朝後成為國家級的大神。

「第一東邊房」前的「門廳」中，也有豐富清楚的壁畫，左手邊（側面連接到正面）是皇后在伊西絲女神的引導下，晉見凱普利（Khepri，初生）太陽神。右邊（側面連接到正面）是皇后在天空之神——荷魯斯的牽引下，晉見太陽神——拉——赫拉加提（Re-Harakhti）。這是一個更少見的神明，赫拉加提是荷魯斯本來的名字，與太陽神融合後，就成了另一個新神，象徵

地平線上新生的太陽。站在拉──赫拉加提之後是更為罕見的哈陶爾──依嫩德特（Hathor-Imentit）女神，這二個神明，就是代表「死亡之旅」的開始（哈陶爾──依嫩德特），與結束（拉──赫拉加提）。

「第一東邊房」中的壁畫雖然比較絢麗，但是比較難以理解。首先是正面大型長方形的壁畫，那是皇后分別在兩張桌子上，向兩位神明供上豐富的祭品。左邊是大家熟識的奧塞烈司，右邊是阿圖姆（Atoum）年老的太陽神。阿圖姆是赫利奧波利斯（Heliopolis）地區的創世者，眾神與天地萬物由他而起，所以他應該是年齡最老的明神，因此代表黃昏時的太陽。奈夫爾塔里對他獻上祭品，就是希望順利由陽間過渡到陰間，開始死亡之旅。

▌皇后向諸神致敬，
是她在冥界的生產力與行動力。

「第一東邊房」左邊的壁畫是皇后面對智慧之神──托特（Thoth），背後是一些象形文。此時此景就是呈現《死者之書》第 94 章的內容，亡者面對托特，頌揚出正確的祭文，以獲得在天堂中使用的魔法，如此就能無憂無慮地生活在魔法世界的天堂。它的後面，在「扶壁」上又是皇后向另一個神明獻祭，那是奈夫爾塔里為孟菲斯地區主神、創世神──卜塔呈上紡織品。

「第一東邊房」右邊的壁畫是皇后向一隻公牛與七隻母牛，以及四隻槳致敬，這是皇后在冥界的生產力與行動力。它的後面在「扶壁」上是伊西絲與奈夫蒂斯，共同守護死亡等待重生的太陽神。

回到這個廣大的前廳，我們步下通往寢殿的階梯。請注意這個階梯中有一個坡道，兩旁也有美麗的壁畫可看，左邊是皇后手持葡萄酒罐（或香油）

並且以大量的祭品呈現給伊西絲、奈芙蒂斯、馬特三位女神，你也許會奇怪，怎麼伊西絲女神頭上的標誌不一樣？雖然標誌是辨別埃及神的重要指標，但旁邊的註解才是決定的依據。

階梯右邊的壁畫同樣的情形，奈夫爾塔里向哈陶爾、塞克特（Selkis）、馬特女神獻祭。其中頭上項著一隻蠍子的塞克特女神，也比較少見到，但她常出現在守衛亡靈的四方女神之一，例如：圖坦卡門的石棺一角，與卡諾皮克櫃的一面。她的本職是婦女分娩時的守護神。兩面眾女神的後面，隔著傑得柱緊接的是：聖蛇張開翅膀守衛皇后的名字。古埃及人認為，每個人的名字都含有魔力，知道某人的真名就能控制他，相反的，消滅或忘記某人的名字，他的靈魂就將虛無……因此這裡的聖神嚴密守護奈夫爾塔里的名字，以達到皇后永生的目的。

寢殿可能深受「黃金大廳」的名稱影響，被破壞得比較嚴重，走過之前美麗的房間之後，再來到這裡，有著繁華已去的感覺……但這裡的奇蹟仍在，學者很驚訝這麼廣大的寢殿面積，僅用四根柱子就支持了千年不倒，可見得當年墓室結構的計算之精。殿內的「第二東邊房」以及「西邊房」內的壁畫所剩不多，就連寢殿內的牆上也有些殘破，只有那四根柱子的圖像依然如千年前般。

▌寢殿  歡迎你陌生人，請祝福荷魯斯保護我的母親。

當你一踏入寢殿時，馬上映入眼前就是二個身披豹皮的年輕人，舉起單手迎接你的到來，實柱上的銘文也是如此。左手邊的柱子寫的是：「歡迎你陌生人，請祝福荷魯斯保護我的母親」而右手邊的柱子寫的是：「歡迎你

陌生人，請祝福荷魯斯保護我的父親」。步入階梯時，在那室二個豹皮年輕人的側面是奧塞烈司，看他以全禮服的姿態兩兩相對（對面的柱子也是）。寢殿中央原本是寢棺安放的地方，四個柱子朝向中央的那一面，全部飾以奧塞烈司的「傑得柱」，這是代表陰間之主的脊椎骨，象徵皇后的復活。但在1904 年發現此墓時，就僅存石棺蓋的一部分，可見得石棺是被擊碎帶走了，那二個年輕人的歡迎詞成了最佳諷刺。

　　寢殿左手邊的 A 面聯接到 B 面的一小部分，那是豐富的象形文，記述《死者之書》的 144 章，教導亡靈初到冥界時的注意事項。牆上是奈夫爾塔里向第一道大門的三位守護神靈致敬，他們是魔法使、監護使、以及詢問者。皇后必須知道通關密語，以及守門者的真實姓名才能順利通過。

　　在寢殿 B 面，除了西側的邊房外，牆上還有冥世第二大門的三個守門神靈圖騰，以及第二大門的通關密語。這段文飾下塑有一個小型長方形平台，事實上寢殿內四周都有這種平台，跟上面前廳一樣，應該是擺放皇后生前喜愛的物品吧，對這種凸顯貢品的作法，在埃及陵墓中是很少見的。後續在第二大門後的壁畫，原本應該是第三道大門吧，但文字已大部分消失，而且僅存一位守護靈的上半身，因此看不出來了。寢殿右邊的殘畫就是 146 章中，「十道塔門」裡的二、四、五道塔門的守門使圖騰，以及少量的象形文。最後寢殿底部還有一個後部房間，但裡面沒有任何文飾與物品了。

10

一代女王靈廟──

德爾巴哈里

以高聳的山壁作背景,更顯得它的氣勢磅礴。建築師森姆特與
女王的的曖昧關係,一直是歷史學者津津樂道……今生無法結
合,未來彼此相連。

德爾巴哈里靈廟（Deir al-Bahari）一般稱為「女王神殿」，是古代埃及唯一的女法老哈特謝普蘇特（Hatsheput）所興建的，雖然它有3500年左右的歷史，但其建築風格直到現代還是很新潮……它以高聳的山壁作背景，更顯得它的氣勢磅礴。

▌女王艦隊南航

豐富了埃及的生活，也開拓了視野。

這座靈廟是從整座山壁中開鑿出來的神殿，分為三層，每層排列著外方內圓的廊柱，是埃及唯一的一座採用層疊形式造型的神殿建築，將神殿的縱

德爾巴哈里

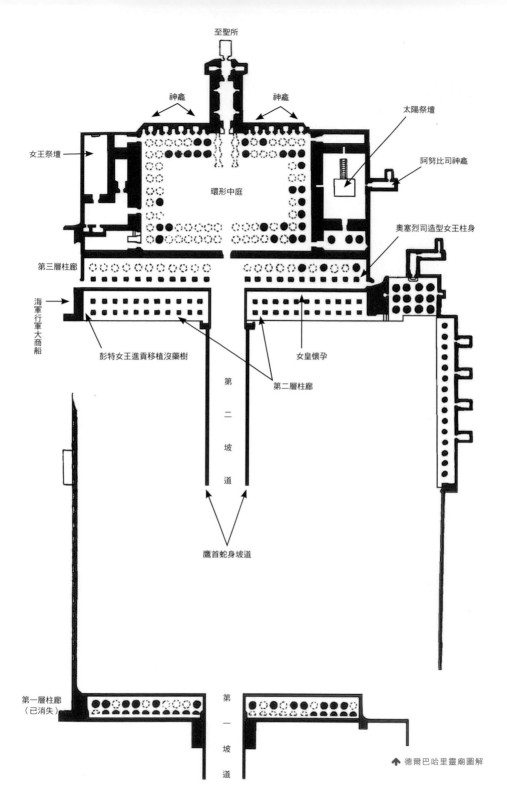

至聖所

神龕　　　　神龕

太陽祭壇

女王祭壇

阿努比司神龕

環形中庭

奧塞烈司造型女王柱身

第三層柱廊

海軍行軍大商船

彭特女王進貢移植沒藥樹

女皇懷孕

第二層柱廊

第二坡道

鷹首蛇身坡道

第一層柱廊（已消失）

第一坡道

➤ 德爾巴哈里靈廟圖解

↑ 圖特摩斯三世拿著葡萄酒進獻

深立體地呈現出豪壯雄偉的氣勢！在第一層（平面）的圍牆內（今無存），當年種滿了女王從索馬利亞所帶回來的香柏樹。在沒有水源的情況下，需要人力從遙遠的河邊提水回來灌溉，成片的香柏樹林當時可謂奇蹟，如今在入口處，可以看到僅餘的二枝枯死樹根，被一個低矮的圓形柵欄保護著，成為這一段偉業唯一的見證者。

在第一層底部的房間中，由於千年的時光流失，內部的壁畫已殘破不堪了，它的精華集中在第二層。二層最右邊（面對神殿的右邊）房間的壁刻還算清楚。這個屋頂畫滿了五角形的星星，象徵天際，右邊刻劃的是法老向上、下埃及守護神（禿鷹與眼鏡蛇）獻祭的場面，不過現在已被圖特摩斯三世改成了自已拿著葡萄酒進獻。左邊的老鷹神是太陽神——拉的圖騰。房中另一個角落是阿奴比斯（Anubis），他的角色像希臘神話故事中的漢密斯；同樣是引導亡者進入冥界的使者。

二層的左邊雖然封閉了，但是隔著欄杆還是可以欣賞一下。這裡滿滿的圖畫與文字，記述者女王在位八年時，派遣了五艘大船的艦隊，沿著紅海海岸向南探險了大約 600 里，前往索馬利亞從事外交及貿易活動的事蹟，包括了沿途見聞、紅海中的各種魚類、一路所見的動物植物、索馬利亞的房舍、以物易物的交易經過，還有乘船返國，女王檢視成果的全部歷程。因此牆上有許多南方當地的風土民情，包括植物、動物、魚類等等的圖騰，以及當年

索馬利亞大使進貢的情形。牆上最後記載五艘大船上，滿滿的裝載了貨物，包含有各種活的動、植物等等，其中對埃及影響最大的是──沒藥（myrrh）的引進。這種新鮮的產物不但在埃及醫療上開了一扇窗子，更增加了宗教上的意義。

▌女王永遠的惆悵……

與一位平民關係曖昧，引發史家好奇的一段韻事。

　　沒藥的引進，可以治療減緩疼痛的症狀，在宗教儀式上，也常做為焚香的材料，在製作木乃伊時，用來洗滌身體時也少不了它。此外，在日常生活中，沒藥有時也用來調味啤酒，好處多多。同一面牆的背後，可以看到女王的壯盛軍隊和巨艦。另外有一個奇特的圖騰，是女王在喝公牛的奶？其實那是表示女王是太陽神親自哺育的。

　　隔著通往第三層階梯的另一邊，也有一個令人疑問的奇異壁畫，那是女王被侍女扶持著，但小腹隆起，令人聯想到「懷孕」的情況！要知道女王那時丈夫早已逝世，何來懷孕之說？那是在埃及史上有一段史家津津樂道的韻事，就是森姆特（Senmut）和女王的曖昧關係，「懷孕」的情況是否和他有關，令人遐想。

◆ 太陽神親自哺育女王壁雕

↑ 德爾巴哈里第三層——奧塞烈司式柱子

　　要前往第三層，必須要走上一段階梯。它的兩側扶手也很特別，是「鷹身蛇身」的立體雕刻，這是象徵上埃及的鷹與下埃及的蛇，代表女王是上下埃及的王！到了三樓，原本24根方柱前均有一尊女王「奧塞烈司」式柱子，是頌揚主人身為現世活神的立場。進入第三層時，這裡原本是一個環形柱廊，如今僅存許多的基座，與短短的柱子而已了。在這個中庭中我們可以看到許多的神龕，原本是放神像的地方。兩側雖然有幾個通道，可是已經封閉起來了。

　　這兩側的道路原本是通往右邊的「太陽祭壇」，和左邊的二個祭壇，一個是屬於女王的父親——圖特摩斯一世的祭壇；另一個才是哈特謝普蘇特的祭壇。女王似乎對她的父親甚是依戀，在現存不多的文物中，女皇時常提及父王。此地僅有父王的祭壇，而無丈夫的痕跡，可見女對父親的依戀程度。

附錄：

　　輝煌的十八王朝創立之初就有一個內部問題，那就是歷代王后一直沒有男孩，阿蒙荷特普一世（Amenhotep I）、圖特摩斯一世（Thutmose I）、圖特摩斯二世、圖特摩斯三世都是迎娶嫡長公主，才能獲得法老的王冠。因此女性在朝中一直都很有權威是必然的趨勢，這一點趨勢提供了哈特謝普蘇特登上法老寶座提供良好的先天環境。

　　在女王登上寶座之前，一個似乎是平民的「森姆特」，貢獻了非常大的心力，這座靈廟就是他所監工製造的。女王和他的關係好像非常密切，密切到兩人的棺材互換，而且墓室在地底深處，幾近相連。

11

天空之神——
荷魯斯神殿

黃沙淹沒千年,讓這座神殿如同被收納進了時光膠囊,一切幾
乎和當年一般風貌,非常值得一觀。

↑ 荷魯斯神殿正面

荷魯斯神殿，因為位於中埃及的亞斯文的艾德夫（Edfu）地區，因此又名——艾德夫神殿，是目前埃及境內保持比較完整的法老時代建築物。二千年前的塔門、外牆、庭院、大廳、和神殿等，幾近如當年一般，非常值得一觀。

　　艾德夫這個地方，在上埃及和努比亞的黃金礦源枯竭以前，是各地黃金的集中地，由此可以遙想當年此地的盛況。這座神殿是托勒密三世於西元前237年開始興建，直到近二百年後的西元前57年，才在埃及豔后她老爹、托勒密十三世手中完工。完成之後不久，托勒密王朝也走入了歷史。雖然此廟在羅馬時代依然興盛，但其後有千年的時間埋在沙中，因此才得以完善保存。

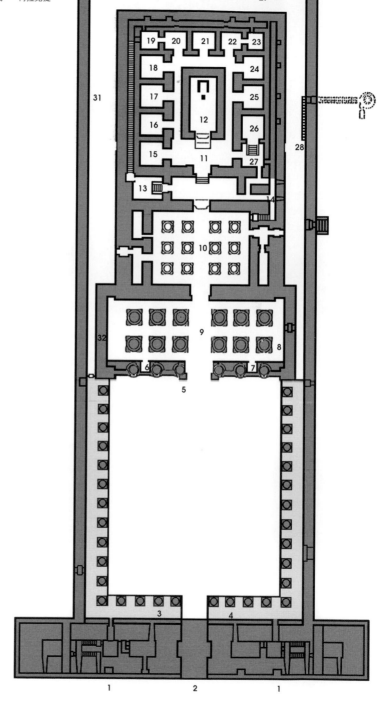

➜ 荷魯斯神殿平面圖解

蓋間神殿說明法老王是怎麼生出來的

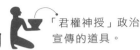
「君權神授」政治宣傳的道具。

今天我們要到荷魯斯神殿前，不管是坐船或搭車到達亞斯文後，都要換乘小馬車到此，當然你也可以走路前往，兩旁有很熱鬧的市集。到達驗票之後不久，就有一個殘蹟，這是所謂的「誕生房」，什麼叫「誕生房」？那是一種「君權神授」政治宣傳的道具，也就是向人民表示：法老和神明有多親密的關係，藉以取得政局穩定。

↑ 誕生房

↓ 荷魯斯神殿門楣上勝利的標誌

而這裡的「誕生房」直接闡述：法老就是天空之神——荷魯斯的兒子，哈松圖斯（Harsomtus）神的化身，以「統一兩國（上埃及與下埃及）的荷魯斯」的身分，在人間行使統治權。

經過了「誕生房」之後，宏大的荷魯斯神殿「塔門」結構映入眼前，這個塔門高36公尺，寬137公尺，除了「卡納克大神殿」的塔門外，這是埃及第二大的塔門。上方的「塔帽」雖然損壞了，但是斷裂得滿整齊的，不講的話還真看不出來。塔門上半部的壁刻是法老王（托勒密）向埃及眾神獻祭，下半部是法老王一手執劍、一手抓住眾俘虜，向荷魯斯神獻祭，感謝祂在戰場上的保佑。荷魯斯身後是他妻子——哈陶爾女神，整面牆就是榮耀兩位神明的意義。注意門楣上有一

↑ 塔門前鷹雕和現任的法老王

↑ 頭戴上下埃及王冠的荷魯斯鷹雕

個太陽長了翅膀的標誌，那是代表天空之神和太陽神結合的型態，是戰勝邪神的代表，也就是瑞──何拉克提（Ra-Horakhti）「曙光之神」表示「勝利」！門前的四支旗桿及方尖碑已經蕩然無存，不過門前一對老鷹的立雕尚在。鷹下懷抱著一個小孩，他是荷魯斯之子，是哈松圖斯神，也是現任的法老王。

過了雄偉的塔門後，是一個廣闊的中庭。這個中廳被三面廊柱包圍，每個柱頭都各自不同，可以與菲萊島上的「奧托神廟庭院」（the Outer Temple Court）的列柱相互媲美！兩扇塔門背後的根部，各有刻劃著兩支艦隊，它們是艾德夫的「荷魯斯艦隊」北上，和丹德拉的「哈陶爾艦隊」南下。祂們夫妻倆像牛郎織女一樣，一年只能相聚一次，所不同的是祂們夫妻倆，可以在 14 天以後分開^註。

過了中庭，就來到「第一多柱廳」前，廳前本有一對頭戴「上下埃及王冠」（和法老王正式王冠相同）的老鷹，雕像如今僅存左邊一隻。許多遊客都在像前留影，要拍照還得排隊呢。

至聖所的幽暗

設計者故意營造神秘的氣氛，藉以多索些供品。

　　進入到第一多柱廳內，首先抬頭看看天花板，可以看到天花板黑摸摸的。這是在神廟被沙淹沒之後，有些居民搬到廳內居住，升火造飯時所燻黑的。走進多柱廳的右邊有個小房間，當年是個書庫，存放著每日誦讀給荷魯斯的經典。左邊是祭司的更衣處，祭司在此淨身、更衣然後領取經典，開始一天的工作。如今藏經、更衣處的痕跡不復存在，倒是可以清楚地看到牆上的壁刻。右手邊（西方）的壁刻是：神殿建築程式的連環圖。從法老王與塞沙特女神（第一幅頭上一根星星的）選擇廟址，以繩和椿標出界線。到荷魯斯神，賜與法老工具（第二幅）等等，直到神殿完工的連環壁刻。入口的左手邊，是荷魯斯與塞特戰鬥場面的壁刻。

　　過了第一多柱廳，緊接就是「第二多柱廳」。其實這是個到「至聖所」前一個小小前廳，兩側各有幾間小房間，右邊是製作油膏和香水的房間，這些香油是每日塗抹在「至聖所」內的荷魯斯神像上。左邊在當年是存放宗教物品，或者珍貴寶物的庫房。

　　第二多柱廳之後就是「內堂」了，而內堂則包圍著「至聖所」。在內堂冂型的迴廊通道中有許多小房間，有的是獻給其他神明的，例如：荷魯斯的父親——奧塞烈司、老婆——哈陶爾、或者太陽和月亮之神，有的是頌揚荷魯斯偉大的勝利，或者荷魯斯神奇的翅膀。這些房間包圍著整個神殿的核心——「至聖所」。

　　「至聖所」是荷魯斯神殿內最重要、神聖的地方，現在除了神龕內的神像不在外，一切和二千多年前一模一樣。這裡面非常的幽暗，是設計者故意營造神秘的氣氛。神龕前的祭台是信徒放置祭品的地方；神龕後有一個小小

的空間，據説是有一個祭司會躲藏裡面，如果當信眾的祭品供奉少了，他就會發出「神喻」指責他不夠誠意，叫他再多加一些。

香水牆

前往神殿內通達樓上的階梯，
是宗教儀式道具的一部分。

「至聖所」建築群的右側（前進的方向），另有一個小殿，和丹德拉神殿的新年宮極為類似，那是平時存放荷魯斯神像的地方。在殿宇對面的牆壁上，刻劃著許多製作香水的成分圖。為什麼荷魯斯神殿中有這份紀錄呢？理由很簡單，就是為了討好老婆哈陶爾女神大人。「香水牆」的一側有通道，可以前往神殿內通往樓上的階梯，這個階梯的意義如同筆者在「丹德拉神殿」中所述，是宗教儀式道具的一部分，但是它的樓頂封閉了，不能上屋頂了。

荷魯斯神殿本體和圍牆之間，有一條ㄇ字的大道，從階梯附近的通道進入不久，有一個「測量尼羅河水水道」（詳情請參考第十二章柯歐普神殿）。然後拐個彎兒，前進方向的右上方有一片橢圓形的圈圈，那是書寫法老名字時專用的圖型，叫做「卡達旭」（Cartouche），表示「陽光所照耀的名字」。這一片「卡達旭」列王名單，原本是紀錄托勒密家族的，因為托勒密家族只傳了十幾代，就被羅馬滅亡了，所以還空白了許多空格，永遠不被填滿了。再往前走幾步，也就是「至聖所」的正後方，刻劃著托勒密法老王，將本座神廟的平面圖，獻給神明。

再拐個彎兒，前進方向的側邊，刻劃著

↑ 測量尼羅河水水道入口

荷魯斯是如何、如何與邪惡神──塞特戰鬥的情況。哪個是塞特？有個可愛的小河馬就是。欣賞完這個千年故事後，我們即將穿越一個窄小的通道，回到中庭廣場。窄小通道中有段「百萬銘文」，這是在古代埃及，所能找到的最大數字單位了。

註　不曉得是不是因為老婆太兇悍了，在當時荷魯斯和他的夫人──哈陶爾女神是呈分居的狀況。（哈陶爾是太陽神──拉，毀滅世界的武器）每一年只有14天，哈陶爾女神會從她的駐地──丹德拉（Dendera）來到艾德夫地區，探望丈夫荷魯斯。這時候民間會舉行盛大的慶典，祝賀兩位神明因為「美好聚會節」而重生（然後還不是表演荷魯斯打敗惡神塞特的老戲碼）。我個人突然想到一個問題……他們倆一個是「勝利之神」，另一個是「毀滅女神」，要是他們夫妻吵架而打了起來，你説會是誰贏呢？

12

古埃及智慧總結——
柯歐普神殿

殘破的千年古蹟中，藏有其他神殿沒有的曆法、醫療、數學等
知識，可說是埃及文化的總結報告。

▲ 柯歐普神殿

這座神殿完工於托勒密十二世法老時，這時是埃及文明的末期，可說是埃及文化的總結報告。

位於亞斯文正北方 40 公里的柯歐普神殿遺蹟（也稱空翁堡神殿），也是來至埃及不可不看的地方，因為它是古埃及智慧的總集之地，而且是它的建築別有特色。一般埃及神廟只有一條主軸線，但這座柯歐普神殿內卻有兩條主軸線，成為一項特例。所以當你駕臨此地時，別看這座神廟如此不堪，外表看起來非常殘破，但如果細細品味，它還是依然炫麗奪目、光彩耀人！

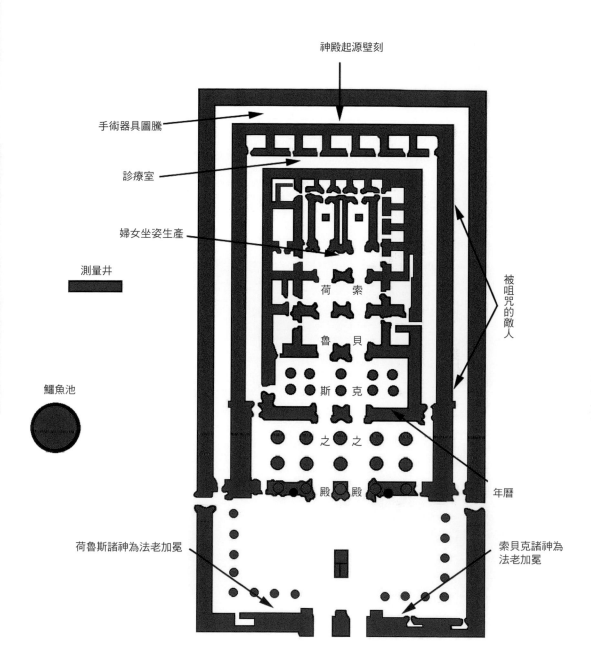

神殿起源壁刻

手術器具圖騰

診療室

婦女坐姿生產

測量井

鱷魚池

荷　索

魯　貝

斯　克

之　之

殿　殿

被咀咒的敵人

年曆

荷魯斯諸神為法老加冕

索貝克諸神為法老加冕

▌地區之神與天空之神的相爭

索貝克：老子就是不服！
荷魯斯：不服我打得你
服！最後兩神共治。

　　柯歐普神殿的特別處之一，就是它同時供奉兩位主神，索貝克（Sobek）
神與荷魯斯（Horus）神。由明顯的牆壁為界，南殿（右手邊）供奉著索貝
克神與其家屬、北殿（左手邊）供奉著荷魯斯神與其家屬。但較為側重索貝
克神（鱷魚神），因為這裡當時是一片河畔沙地，有許多的鱷魚出沒，因此
當地以鱷魚為守護神，並且以鱷魚象徵肥沃多產，但為什麼此殿內的建築是
左右成雙成對的佈局？這在埃及的建築史上是極為少見的。

　　在本殿後面的走廊中，右手邊的牆壁上，有個壁刻就在述說柯歐普神殿

柯歐普雙神殿——神話起源

雙殿結構的由來：原來柯歐普神殿只有索貝克在內鎮守，是個傳統的單縱深的神殿。有一天荷魯斯也看上這個地方，意欲強占柯歐普神殿。索貝克雖然只是地區性小神，力量無法與天空之神，這種國家級的大神相比，但索貝克絲毫不讓，與荷魯斯戰鬥到底！最後當然索貝克大敗，牠就像被逼到牆角的拳擊手，連舉起手的力量都沒有了，可是索貝克依然傲首不肯向荷魯斯低頭。荷魯斯堂堂的天空之神，這時也進退失據，既不能殺了索貝克（吃相太難看了），也不能就此放棄，那「伊西絲之子」的面子怎樣下台？就在兩者對峙時，馬特（Maat）正義、真理、秩序之女神，將她的力量羽毛插在他們兩者之間，於是原本單縱深的神殿，這時變成了雙縱深的神殿，讓他們共治這個地方。這就是柯歐普神殿雙殿結構的由來。

　　為什麼要說這座神殿是埃及文明的總結報告？因為除了一般神殿能夠看得到的壁刻，這裡還多了其他所沒有的，關於醫療、數學、以及河流工程的紀錄壁刻。

▌古埃及也有農民曆？

　　在索貝克殿宇的第二進中，有一段舉世聞名的「曆法」紀錄！首先會看到三個「獅首女身」的圖騰，那是代表「阿赫特」、「佩雷特」、「舍毛」，以尼羅河河水潮汐為依據，所劃分的三個季節。第一個「阿赫特季」（lnundation）是尼羅河七月分開始氾濫的季節，為期四個月。這段時間農民無法耕作，於是集體參加政府的建

三季女神

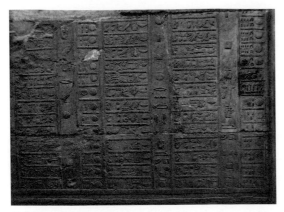

↑ 柯歐普月曆

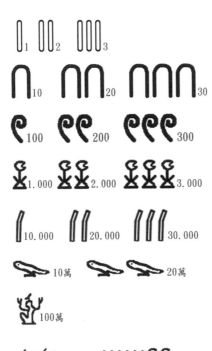

2.562.969

← 古埃及象形數字

設工程，例如修築神廟等
等，政府也會支付薪俸給
這些農民。到了第二個季
節是「佩雷特」（proyet，
11～2月），這時河水
退去，遺留大批肥沃的黑
土（kemet）給農民，此
時就是種植各式穀物及植
物生長的季節。希羅多德
在《歷史》一書寫道：埃
及的農民在農務上比起世
界各個民族而言，顯得非
常的輕鬆，他們不需要犁
地，不需要鋤地，更不需
要做其他多餘的事，只要
在黑土上撒種子，然後把
豬趕到田裡，讓牠們把種
子踏進土中，就可以等著
「舍毛」（shemu）季（3～
6月）註1 的到來收成了。

　　三季女神之後，就是
「曆法」了，可以看到非
常類似中國的農民曆，整
整齊齊地排列著埃及數字

的順序，並且標註著每一天的什麼事。例如：個位數是「棒子」、十位數是牛背上曲形的「馱木」、百位數是「繩子」、千位數是「蓮花葉」、萬位數是「手指」、十萬位數是「蝌蚪」、百萬位是「舉起雙手的人」，大概在說：我的天啊！埃及人極少用到百萬以上的數字，但如果要我發明「千萬」的單位，我就直接畫一個人「昏倒」給你看。

　　順帶一提，埃及人的數學應該在很早的時候就很發達，要不然如何去建築金字塔？1858 年英國人享利·萊茵德（H.Rhidn）發現一個紙莎草卷的標題是「獲得一切奧秘的指南」，卷其實它是一部關於「分數」的論作 註2 。另外一部「莫斯科數學紙草卷」是 1893 年發現的，上面也有 25 個問題及解答，是一本數學練習本。但是這些紙草卷非常的脆弱，不易保存。雖然埃及沒有「零」的概念，而且書寫起來麻煩，（寫一個 2356 的數字，需要動用到 16 個符號），但在當時已經是十分了不起的成就。比較特別的是他們有「拾」、「貳拾」、「肆拾」、「伍拾」的單位，但「參拾」或其倍數，另外獨立一個名稱叫做「塞特」 註3 ，所以二個「塞特」就是「陸拾」以此類推。

▌繳多少稅金？看測量井的水量有多少。

　　提到數字，就不能不提所有埃及古代神廟，對政治運作的一項重要建築——測量水井，幾乎埃及神廟都附有這種建築。水井原本是連通尼羅河，在「阿赫特季」時，祭司在此時以一種叫做 Nilometer 的水位計量器，來預測今年農作物的產量。有一塊「厄勒蕃丁石碑」上紀錄：水高 21 呎上埃及（南方）普通凶年（該地 20 個省減稅），22 ～ 23 呎上埃及大部分地區旱災（免稅），24 ～ 25 呎恰到好處（那就加稅吧），26 ～ 26.5 呎全埃及陷於一片汪洋，

測量井

27～28 呎下埃及（北方）發生洪水，28 呎尼羅河變化成吞噬人民的猛獸！神殿的祭司測出水量後，通知有關政府機構，然後政府決定當年的賦稅標準；或者施行防汛措施。由上而知，政府每年的施政重要參考，就是根據測量井而來的。

婦女生產

醫療方面的紀錄，更是柯歐普神殿的重要參觀重點！這座神殿的後部，似乎是二千年前的醫院。除了有數個疑似的診療室外，更有完整的手術器具的圖騰，和介紹婦女「坐式」生產的方式的壁刻，聽說這幅壁刻目前受到婦產科權威的重視與討論，認為是最安全的生產方式。

古埃及很早就開始製作木乃伊，由其製作

過程所衍生的外科手術在當時可說是獨步世界。有一張「史密斯紙草卷」就
敘述著精確而客觀的解剖學知識，但要看幾千年前，外科手術的工具長得怎
麼樣，柯歐普神殿最後一段的走廊中，有詳細的圖騰。當然埃及除了外科之
外，還有婦科的「卡洪」Kahun、小兒科的「藍敦」London 和藥典「尹伯斯」
Ebers 等等，寫在紙草卷中的紀錄，可見他們當時的進步。

　　參觀完「手術器具圖騰」「神殿由來故事」壁刻之後，在即將步出神殿
的同時，你可以看到一連串頭部被毀的人像，其實它們一開始就被造成那樣，
仔細看，它們雙手被反綁在後，下面各有名字，是和法老王作對的人，被詛
咒一輩子！可見埃及人和女人，是你一輩子不想得罪的人啊！

註1　阿赫特季、佩雷特、舍毛三個季節，在象形文中分別以：「有荷花的池塘」、「房
　　　子」和「水」的符號代表。
註2　作者為古埃及數學家──阿赫默斯（Ahmes），因此這部手卷也稱「阿赫默斯手
　　　卷」，手卷內除了討論分數外，還有85個練習題目。
註3　埃及人認為30是一個循環的終點及起點，所以以一個特別的名稱叫它。包括法老即
　　　位30年也稱為「塞特」（Set），要舉行一個特殊的合併儀式，象徵法老「人」的
　　　身分死亡，同時「神」的身分誕生。

13

魔法女神的永恆居所——

菲萊島神廟

古埃及人視這裡是神的肉體，從來不敢侵犯……如今這座島嶼
永沉水中，如願的不讓人類侵犯。

↑ 菲萊島老照片

　　菲萊島，埃及人稱為 pilak，法老時代的絕對聖地。它位於亞斯文以南 8 公里，是伊西絲（Isis）女神的永恆居所，目前深藏於納瑟湖中。

　　菲萊島在古埃及人的心中，擁有極崇高的地位！由於古埃及人以為尼羅河發源地在這附近，因此這片水域被視為「原初之水」，就像羊水對胎兒的關係一樣。所以派駐一位重量級大神據守此地，保衛尼羅河的純潔，以及生命源頭的源源不絕，就顯得格外的重要了。於是埃及神話中排名第二位大神──伊西絲女神，就順理成章地居住於菲萊島上。伊西絲不僅是堅貞的象徵，更是埃及魔力的來源（掌管魔法）所有宗教儀式舉行時，都必須借由她的名義（如同道教儀式中常唸：太上老君急急如律令），並且如果有一天當太陽神不能視事時，她是繼任太陽神地位的人選，由此可知伊西絲的分量吧？

為女神搬家

1980 年，菲萊建築全部遷移至阿吉奇亞島。

神話中，伊西絲女神就是在此島上產下天空之神——荷魯斯（Horus），並且永恆地居住於此。而且女神在這裡就是為了守衛丈夫奧塞烈司的屍身，因為他的屍身就埋在不遠處的璧加島（Bigah Island，當地說法），因此該島被視為奧塞烈司的身體，神聖不可侵犯，所以該島和菲萊島，在古代沒有任何建築。直到由努比亞人建立的第二十五王朝時，庫耐弗爾特姆瑞——塔哈卡（Taharka）才在島上有小規模的建築，到了托勒密王朝的二世法老——菲臘德勒夫斯（Philadelphus），才開始在島上有大規模的建設。托勒密三～八世都陸續修建。古埃及滅亡之後，羅馬統治期間，從奧古斯都開始的前幾個皇帝，都曾在這座神殿上修修改改。清教徒也曾避宗教迫害於此，但將它修改為教堂，並且命名為：科普特教堂。1902 年（清光緒 28 年）亞斯文水庫（舊水庫）興建，菲萊島沉入水中。1932 年之後由於水壩的增高，情況更加的嚴重。於是在聯合國教科文組織（UNESCO）的主持下，遷徙到今天的

↓ 納克坦保一世——哈陶爾祭壇

↑ 菲萊島——奧托神廟庭院

阿吉奇亞島上（Agilqiyyah Island），1980 年 3 月完成全部遷移工作。

　　阿吉奇亞島上的菲萊建築，有著「古埃及國王寶座上的明珠」之雅稱。
欲至此島必須搭船，登上碼頭不久，有一個不太引人注意的小殘蹟，這是埃
及最後一個王朝的開國法老——納克坦保一世（NectaneboⅠ）所建。轉個彎，
緊接的就是壯麗的「奧托神廟庭院」（the Outer Temple Court）。在庭院
內可以看到各式各樣的柱子，除了「奧塞烈司柱」與「哈陶爾柱」之外，幾
乎埃及所有形式的柱子 **註1**，在這個庭院都可以看到，而且從尚未雕刻的粗
坏，到完工精美的成品，各個過程的柱子都有。庭院的盡頭是「第一塔門」，
它高度有 18 公尺，建於托勒密二世。門框四周上一幅幅像漫畫的格子圖刻，
是描述法老與諸神溝通的情形。門口有一對造型奇特的獅子。原本獅子兩旁
各有一根方尖碑，如今僅存右邊的基座。塔門上的大型浮雕就是伊西絲女神，

不過可惜的是，連同上述的建物一同被基督徒鏟去，如今僅存外型可觀。

▊ 至聖地　傳說女神每天都會
哭禱亡夫之地。

　　過了「第一塔門」之後，來到一個廣大的中庭。環顧四周都是美麗的建築物，首先從左手邊的建物說起吧。在原始的菲萊島上，這個區域就是伊西絲生下荷魯斯的地方。托勒密四世時，建立起這個命名為「誕生房」（Birthhouse）的建築物，借此引喻自己就是天空之神——荷魯斯的本身（四世本身就不是好東西，他謀殺了自己的叔叔、兄弟和母親，由他建築此地真是汙蔑荷魯斯）。「誕生房」內以浮雕紀錄著荷魯斯（托勒密四世）的誕生情形。正面的是「第二塔門」以及伊西絲靈廟，這方面我們待會討論，先來看看中庭右邊的哈陶爾神廟（temple of Hathor）。這是由托勒密八世所建，獻給音樂之神——哈陶爾女神，因此神廟的內外都是各種樂器的樂手在演奏的情形（她也是幼年法老的守護神）。

　　「第二塔門」上的左塔門上所雕刻的是法老向奧塞烈司、伊西絲、及哈波奎蒂斯（Harpocrates）（荷魯斯的幼年形象）獻祭。右塔門上所雕刻的是法老向荷魯斯、哈陶爾獻祭。下面有一塊由托勒密六世（Philometor Ptolemy VI）所立的橢圓形石碑，這塊告示石碑上銘刻著賦稅標準，成為重要的第一手參考資料。緊接在「第二塔門」之後的是「伊西絲靈廟」。「第二塔門」與「伊西絲靈廟」是托勒密三世——埃烏爾蓋太斯一世（Euergetes I）所建，此廟建成七百年來，雖經埃及帝國的滅亡、羅馬帝國的統治，依然不減信徒的絡繹不絕。因為他們相信此廟的伊西絲女神具有治癒疾病痛苦的能力。西元六世紀時由於基督徒的破壞，靈廟內的壯麗景色已遜色不少，但

伊西絲靈廟內的至聖所

依然炫麗奪目。靈廟內依然有豐富的浮雕（托勒密時代與法老時代的陰雕不同）是述說伊西絲生育、教養荷魯斯的經過。比較特別的是廟內西側有一個階梯，是通往「至聖地」的地方。傳說女神每天都會至此哭禱亡夫——奧塞烈司；並且舉行復活儀式之地，讀者至此不得不觀！註2 靈廟後方是羅馬第一任皇帝奧古斯都——屋大維，為了安撫剛征服的埃及人民而興建的小神殿。

圖拉真涼亭

整個菲萊建築最具代表性的建物，是迎接女神「聖舟」回島時的暫歇之處。

　　最後的「圖拉真涼亭」更是不可不至的景點！它是整個菲萊建築上最具代表性的建物，而且近二千年來保存的相當完整。「圖拉真涼亭」是西元之後由羅馬第十三位皇帝——圖拉真（Trajan）獻給伊西絲與奧塞烈司的，而且是埃及境內唯一的一座完整的涼亭了。它的作用是迎接女神「聖舟」回島

菲萊菲萊島──圖拉真亭

時，所提供的暫歇之所，亭子中刻有皇帝向二位神明祭祀的場面。「圖拉真涼亭」前有一個小殘蹟，俗稱「庇護所」，據說有治療的魔力所在。這是當年生病的病人，向伊西絲祈禱完後，臨時居住的地方，希望藉以痊癒。直到西元 391 年，羅馬帝國統一國內宗教，關閉所有其他神廟前，此地才漸漸消失了人跡。經過上述的介紹應可注意到，菲萊島上的建築絕大部分是托勒密時代的作品。提到托勒密家族，其實是托蔭亞歷山大大帝的餘威。除了一至三世有點作為之外，其他都是白癡與變態（除了殘殺親人外更有將親兒剁成肉片送給他媽當禮物）。只有一個、也只有一個後代子女可以大書特書一番，她就是——克麗奧佩脫拉七世（Cleopatra VII）也就是留名千古，俗稱「埃及豔后」的女子。

克麗奧佩脫拉，我個人認為是托勒密家族的「基因突變」！遠的荒唐家史不提，她的老爹托勒密十二世，一天到晚喜歡吹笛子不問朝政。（中國的明熹宗喜歡自己鋸木頭、蓋宮殿，比十二世好一點的是：他一邊鋸木，一邊「聽」政。但他永遠只有一句「知道了，你們用心去做」來批示所有朝政）。托勒密十三世（她弟弟）更是有頭無腦。但埃及豔后本身不但酷愛書籍（亞歷山卓圖書館被焚後，女王重建數萬卷的圖書），而且通曉六國語言，並且是托勒密家族三百年間唯一認識埃及象形文字的法老王。由於她強烈的認為自己即是伊西絲女神，因此大規模整修菲萊島，並且列為「絕對聖地」就成為必然的措施。

奇謀為國、可憐無用

埃及豔后保護國家的手段。

在埃及豔后的時代，羅馬共和國（當時是羅馬共和時期）已經是處於世

界獨強的地位，在地中海地區沒有一個國家能與之比肩！這個地位的背後是武力強力的支援，他們有嚴謹的制度、優良的裝備、卓越的戰術等等。相對者埃及：雖是文學重鎮、富庶之地，但在保衛國家的力量上根本沒得比，正如錦衣華服的儒生與嗜血如命的鐵騎！在這樣懸殊比例下的埃及，試問，克麗奧佩脫拉如何保持國家的獨立自主？因此我們需對她往後的「手段」要有所理解。當叱吒風雲、戎馬半生的尤裏斯‧凱撒（Caesar Julius），當時已52歲，見到年僅22歲的克麗奧佩脫拉，想必就深深地為其氣質所吸引⋯⋯而身為弱女子的她想要確保埃及，最聰明的辦法也就是掌握英雄的男人。豔后極力慫恿已是「絕對權勢」的凱撒即位成「家天下」的皇帝，並且指名他倆的兒子——凱撒里昂（Caesarion）為繼承人。但在西元前44年3月15日凱撒被刺，豔后夢碎⋯⋯。

凱撒被刺後，羅馬政權由安東尼（Antony Mark）、屋大維、雷比達三人共同分享（史稱後三巨頭。前三巨頭是凱撒、龐培（Pomoey）、克拉蘇（M.L.Crassus）。但不久就形成安東尼、屋大維（凱撒的侄子兼義子）的雙雄對立的場面。克麗奧佩脫拉將賭注壓在安東尼身上。西元前31年，屋大維在羅馬的最高權力機構——元老院，公佈一封安東尼的遺書，信中表示：如果安東尼本人不測，他名下的領土與在羅馬的權利由凱撒里昂繼承，但需由埃及豔后在旁輔政。這意謂著：克麗奧佩脫拉不費一兵一卒，就可獲得羅馬帝國的一半領土！奮鬥百年的羅馬人民當然不能忍受為人嫁衣，於是同仇敵愾與安東尼一戰！（近代有學者認為：這封遺書為屋大維偽造）。西元前31年6月，亞克興（Actium，希臘西北方外海）戰役，埃及與安東尼聯軍戰敗！當屋大維的大軍開進亞歷山卓城後不久，39歲的克麗奧佩脫拉自裁身亡，風雲一時的「埃及豔后」此時只有一名女僕殉主，以及另一名叫Charmion的女僕整理衣冠⋯⋯埃及文明也在這一天開始逐漸消失。菲萊島

由於地處偏遠，成為最後的文化堡壘，直到西元 391 年的那一天……。

↑ 亞克興海戰

註1　埃及的柱子造型可說是埃及建築的特色之一。主要可分為「植物類」和「人物類」
　　　兩大類。「植物類」的柱頭又有分紙草花、蓮花、棕櫚葉、椰棗等。人物類就是
　　　「哈陶爾女神柱」和「奧塞烈司柱」。以下是埃及常見的柱型，由左開始是：掛鐘
　　　式、棕櫚葉式、蓮花盛開式、哈陶爾女神柱、紙草花花蕾式、紙草花盛開式、蓮花
　　　花蕾式、組合花式。此外尚有紙草花束莖式、蓮花束莖式……等等。
註2　埃及的神話故事並不統一，例如：創世紀傳說就有三種版本。關於奧塞烈司埋葬
　　　處也有三種版本，一是阿拜多斯（Abydos，一說是在此地發現頭部）、二是璧加
　　　島、三是菲萊島上。

14

太陽奇蹟——
阿布辛貝神殿

整座神殿是由一座石頭山,一體成型,由外向內雕鑿而成!內部的樑柱、隔間都是一刀刀、一斧斧開鑿而成,非常壯觀!

↑ 阿布辛貝

阿布辛貝神殿，位於埃及南疆納瑟湖旁，緊鄰埃及傳統南方邊界「第二瀑布」前，與蘇丹相望。是第十九王朝時的著名法老——拉姆西斯二世（RamessesII）所興建的。廟門高約 33 公尺、寬 38 公尺，整座神殿是一整座岩山鑿刻而成。

它建成十年之後不久，因為門口第二法老座像的崩壞而廢棄，沉默了千年之後，在 1813 年才重新被人發現。

1.　太陽神──拉與拉姆西斯二世的精神結合，打敗了西台王國。

2.　阿蒙神與拉姆西斯二世的精神結合，打敗了西台王國。

3.　拉姆西斯二世與王子共同率領戰車隊，擊敗了西台王國。

4.　拉姆西斯二世烤問二個間諜。

5.　拉姆西斯二世乘戰車俘虜了大量敵人。

6.　埃及部隊與西台軍隊激戰。

7.　二世端坐王位上，精銳的body gurd（衛兵，學者認為是希臘傭兵）保衛著他。

8.　埃及部隊在軍營中休息的各種型態。（其上）西台軍隊在卡德希城堡內嚴陣以待。

9.　拉姆西斯二世以Luttuces獻給敏神與伊西絲女神。

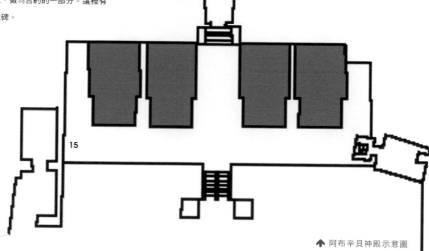

10.　拉姆西斯二世與妻子迎接阿蒙神舟。

11.　拉姆西斯二世以花獻祭阿蒙──拉、穆特、和自己的神格。

12.　拉姆西斯二世與妻子迎接裝載自己神格的神舟。

13.　至聖堂內的四座神像。

14.　存放經書或儀式器具的庫房。

15.　戰爭結束後，西台王國的國王──馬托拉斯；將女兒嫁給拉姆西斯二世，做為合約的一部分。這裡有一塊當時的結婚紀念碑。

↟ 阿布辛貝神殿示意圖

▌拉姆西斯迫不及待的自立「神」的形象！

　　這座神殿最明顯的特徵，就是入口的四座頭戴「雙王冠」，高約 21 公尺的拉姆西斯二世雕像。王座下的那些小人立像是他的母親 Mut-Tuy 及愛妻——奈夫爾塔里（Nefertari），還有自己的二個兒子 Ramesse 和 Amenhirkhopshef、以及 Meryetamun、Bintanat、Nebettawy 等三位公主。神殿最上面有 22 隻狒狒，這是因為神話傳說中，狒狒是負責打開天空之門讓太陽神開始新的一天（狒狒也有引導眾神前進的意思），所以有開始、起頭的意義。再其下，正中央有二個法老，相互面對太陽神——拉。這個銘刻

阿布辛貝——內部

有著特別含義，原來拉姆西斯的字義是「拉神所愛的兒子」那些圖像雕刻就有法老名字的隱喻。因為中間是「拉」神，兩個法老手上所獻祭的物品叫「瑪奧特」[註1] 也就是愛的意思，古音：「姆」，而「西斯」是兒子的意思，所以整幅雕刻就是「拉姆西斯」的意思。

　　整座神殿是由一座石頭山，一體成型，由外向內雕鑿而成！內部的樑柱、隔間都是一刀刀一斧斧開鑿而成的！非常壯觀。入阿布辛貝神殿之後，有連續前後兩座柱廳，第

一柱廳內有八根以拉姆西斯為形、頭戴上埃及的白王冠和下埃及的紅王冠的「奧塞烈司柱」，還有詳細的「卡德希戰役」。但值得玩味的是，當初建造此殿時拉姆西斯才 20 歲而已，而且還沒死呢。雙腳併攏的「奧塞烈司柱」是過世、升格為神的人，才塑造的形象，怎麼拉姆西斯有些活得不耐煩嗎？其實這是自大的拉姆西斯，迫不及待的自立「神」的形象！

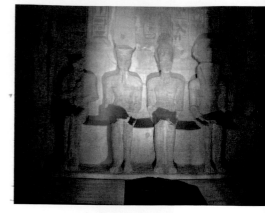

▲ 阿布辛貝四神像

穿過不怎麼樣的第二小柱廳，就來到最神聖的內堂。內堂中有四個人像，從右開始是：拉——赫拉加提（原色淡紅）拉姆西斯（原色赭紅）阿蒙神（原色藍）和卜塔神（原色白）。

■ 別讓我親自過來！

拉姆西斯以雄偉的建築物向努比亞示威！

　　阿布辛貝神殿之所以有名，除了建築的艱辛以外，還有當初最炫的設計是，當每年的 2 月 21 日（西斯的即位紀念日）和 10 月 21 日（他的生日）時，當耀眼的黎明升起時，神聖的太陽光芒會筆直的射入內堂，照耀在他的臉上。這時，右旁的太陽神與左邊的埃及國神，同時陪伴它沐浴在太陽光中。而最左邊的「卜塔神」因為是黑暗之神，所以繼續留在黑暗之中。最重要的是象徵人類的和平！這話怎麼說？其一是入廟前的左側石壁上，有份人類最早的「和平紀念碑」，第二也是最重要的是在西元 1962 年，為了興建「亞斯文水庫」，神殿即將淹沒之際，人們不顧冷戰和中東情勢的對立，摒棄成見共

↑ 阿布辛貝搬遷前的老照片

同努力遷徙神殿，還為此成立了現在的「世界遺產保護協會」！你能說它不是和平的象徵嗎？

　　世界各國雖然將神殿的位置抬高，免了水淹的災難，但 21 日陽光直射的時間也從此改變。這也改變不了神殿的偉大性！讓我們在進入之前，再來看一個問題，那就是雄偉精巧的阿布辛貝神殿竟位於如此的南疆之地？這個地方在當時都沒幾個埃及人來朝拜，建在此地是否有點暴殄天物？其實就因為這裡是與「努比亞」的交界之地，努比亞不僅是與埃及緊鄰，更是埃及與中非、南非交易的門戶。所以這是拉姆西斯以雄偉的建築物向努比亞示威！自從十二王朝時，埃及法老將國界定基在「第二瀑布」後，可憐的努比亞人就長期成了埃及的附庸國。努比亞除了提供人力之外，重要的是它還盛產黃金，這可讓埃及緊緊的抓住不放。各位可以看看阿布辛貝神殿四座雄偉的拉姆西斯二世雕像，冷笑的看著他們，而且座位下壓著一大串反綁的努比亞人，就是告誡他們：要乖乖的，否則偉大的我就會……。

阿布辛貝與奈夫爾塔里神殿

奈夫爾塔里神殿  藉此向愛人展現自己的英勇！

　　在阿布辛貝神殿之旁是拉姆西斯二世為他的愛妻——奈夫爾塔里所建的神殿。這也是埃及歷史中，在數十萬名妻妾裡，唯一一個被法老王為她建立一座以她為主的神廟。從門楣上刻劃寫著「太陽神的光芒因她而有意義」的字句，可見拉姆西斯對她的鍾愛程度。或許是奈夫爾塔里的八字太輕了，承受不了如此重典，她們倆前來參加神殿啟用典禮，回去沒多久皇后就香消玉殞了。

奈夫爾塔里內部

1. 哈陶爾女神贈送拉姆西斯二世項鍊。

2. 塞特神與荷魯斯神共同祝福拉姆西斯二世。

3. 奈夫爾塔里送花和樂器給 Anukis 神（亞斯文地區神——克嫩神之妻）

4. 拉姆西斯二世以「瑪奧特」（世間至美好的代表）獻給阿蒙神。

5. 拉姆西斯二世獻供品給阿蒙——拉。

6. 拉姆西斯二世獻花給 Harsaphes 神（羊頭人身）

7. 奈夫爾塔里送花給哈陶爾女神。

8. 拉姆西斯二世送花給哈陶爾女神。

9. 拉姆西斯與妻子獻供給牛化的哈陶爾女神。

10. 哈陶爾女神與伊西絲女神，共同為奈夫爾塔里加冕王后冠。

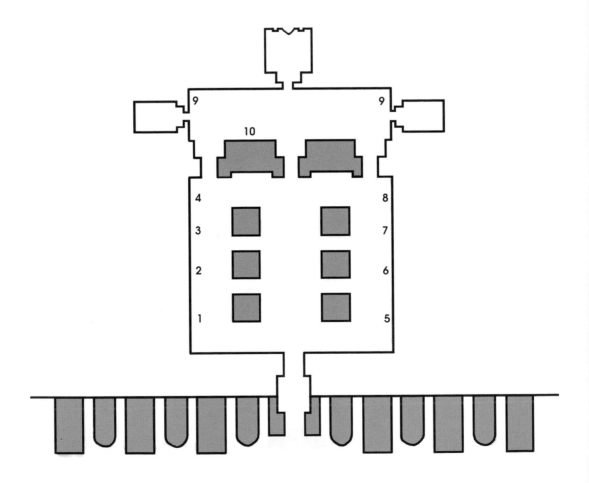

↑ 奈夫爾塔里示意圖

比起阿布辛貝神殿，奈夫爾塔里神殿在內部構造上要簡單的多。神殿內只有一個柱廳（6根哈托爾柱），但柱廳內仍有許多美麗的壁刻。壁刻上所述說的是：拉姆西斯二世在他美麗的老婆前降服大批的敵人，藉此向愛人展現自己的英勇！神殿的縱深滿淺的，內堂的雕像雖已經被人鏟去但隱約可見，一個戴著羽冠的糢糊雕像，那是牛化的哈陶爾女神。據說學習設計的人，在此神殿待久一點，能夠得到奇異的靈感，雖然我也進入過此神殿，但我不是學設計的。

▌卡德希戰役　拉姆西斯吹的超級大牛皮！

　　拉姆西斯二世，存活於至今三千三百年左右的埃及法老王（1304 ～ 1237BC），自古至今，直到現今在埃及的土地上，一般的市井小民也只會說出他的名字，見到不知名的雕像，指著它叫拉姆西斯大概都不會叫錯……似乎整個古埃及三千年的歷史都在他的統轄範圍……。他之所以有名，一是他存活的非常長壽，因此蓋了許多的神廟，二是他太會吹牛了，把一場平手的戰事，神話成因他而勝利的大捷！這場戰爭就是「卡德希戰役」。

　　卡德希戰役是發生在拉姆西斯即位後，第五年所發生的事。由於之前十八王朝的法老──阿肯那唐（Akhenaten）的宗教改革失敗，使得國內政局極度不穩，連帶歷代辛苦建立的國外殖民地、附庸國一一喪失。埃及的國際地位因此一落千丈，引發西亞諸國對埃及土地的覬覦。幸虧第十九王朝的先期諸王，尤其塞提一世（Seti I）以其雄才大略穩了國內政局，其子拉姆西斯即位後更是希望恢復埃及在西亞的地位。這時土耳其地區的西台王國（Hittite），漸漸的強大起來，將勢力發展到　利亞地區，成為埃及前進西

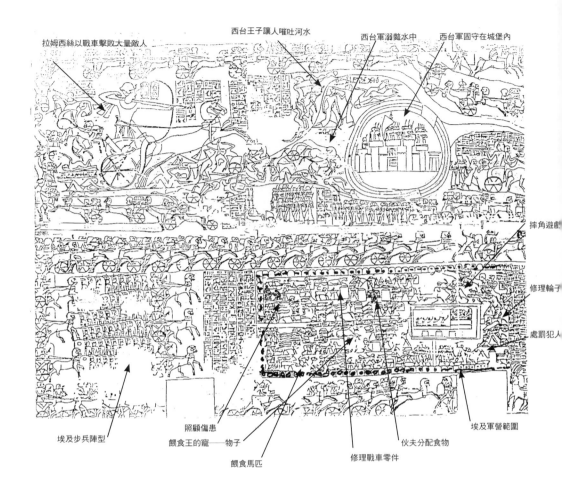

拉姆西絲以戰車擊敗大量敵人　西台王子讓人嘔吐河水　西台軍溺斃水中　西台軍固守在城堡內

摔角遊戲

修理輪子

處罰犯人

埃及軍營範圍

照顧傷患

餵食王的寵——物子

埃及步兵陣型

餵食馬匹

修理戰車零件

伙夫分配食物

亞的強力阻礙。於是拉姆西斯五年二月，拉姆西斯盡出國內二萬精銳兵力，親征西台王國，朝著首要的戰略目標——卡德希前進！

　　他帶領著四個大營——阿蒙（Amun）、拉（Re）、卜塔（Ptah）、蘇塔（Sutekh，是西克索人的戰神，被視同為塞特 Seth）。

　　越過西奈半島國境要塞、通過加薩走廊、向北進入迦南、穿越加利利、來到　利亞……。當部隊行軍到中途時，有二個阿拉伯民族部隊（貝都因人

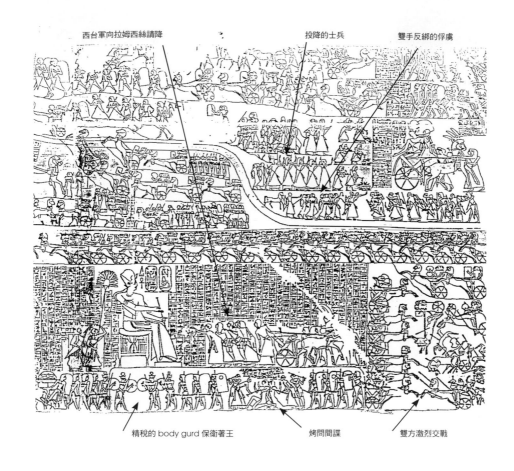

西台軍向拉姆西絲請降　　　投降的士兵　　　雙手反綁的俘虜

精稅的 body gurd 保衛著王　　　烤問間諜　　　雙方激烈交戰

↑ 卡德希戰役

Bedouin）自願加入行列。這些部隊的首領欺騙拉姆西斯説：西台王國的國王——馬托拉斯（Matwalas）已經聞風遁逃 **註2**。得意忘形的拉姆西斯，即刻帶了五千輕裝步兵，急速的追趕而去。當他們來到奧龍特斯河（Orontes）時，已經可以看見「卡德希」城了（現今的：納比邁恩德 Tall an-Ninnd）。拉姆西斯將部隊安置在河旁的小山丘上休息，準備第二天一舉攻下卡德希。到了夜間，埃及的守衛捉住兩名西台斥堠，在嚴刑之下，埃及人聽到驚愕

的消息！原來他們已經不自覺的踏入陷阱之中，僅僅五千士兵被四萬敵軍包圍，而且後續的三個大營也彼偷襲，其中「拉」已完全被擊毀了，其他二個也自顧不暇。阿蒙統帥部內一片混亂，而其他士兵還不知道……。在阿布辛貝神殿的第一柱廳內記述著：當全部的士兵都在休息……後勤兵正在分發食物，有人趁機在揉腳、連拉姆西斯的寵物——獅子 Tam 正在吃飯……。

▌在絕境中的自信 拉姆西斯二世大獲全勝，西台全面潰敗？

西台大軍突然衝破了埃及前衛障礙物，矗立在阿蒙營前！可想埃及部隊當時有多驚恐混亂。

但是自信滿滿的拉姆西斯二世高聲的叫道：「我的士兵們，你們不用害怕，站穩了腳步，你們會看到我的勝利！就算只有我一個人，但阿蒙會和我在一起，他會助我一臂之力！」於是埃及的每一個弓箭手，每一個長槍兵都緊密的團結在一起。拉姆西斯二世的內心如鐵，從沒有失敗的念頭（他自己在牆上說的）西台部隊一開始就以最精銳的戰車向埃及軍衝鋒，而埃及絕大部分是步兵，但是埃及步兵竟然擊潰了戰車，連指揮官西台王子都倉皇的掉進河裏，需要別人將他倒過來讓他吐出河水，其他的西台部隊都被埃及人的勇猛震懾住，而不敢渡河過來繼續進攻。但拉姆西斯可沒算他們便宜：既然你們不來？我就過去！於是他又率領全軍主動渡河攻擊，連續衝鋒了 6 次……最後兩軍依然夾河對峙。雙方以簽署和約之後，各自返國……（以上是埃及的官方說法）。

將士們獻上許多的敵人右手向拉姆西斯二世邀功，而他本人更將這一次戰役銘刻在所有的紀念品上。除了阿布辛貝神殿之外，其他如卡納克大神殿、

路克索（Luxor）神廟等等都紀錄著「卡德希戰役」，只不過都是統一的述說：拉姆西斯大獲全勝，敵人全面潰敗！

註1　瑪奧特是古代神話中，宇宙間最美好的一種東西，世間萬物如果沒有瑪奧特的存在，必將毀滅！那就是「愛」！
註2　拉姆西斯是個自大狂，從它自我封號可見一斑：「馬耶特寵愛的豪猛牧牡牛、卜塔所深愛的主、兩個國家（指上、下埃及）的保衛者、君臨四周諸國之王、經驗豐富、歷經無數勝利的烏西馬列斯、塞地盆列斯、拉姆西斯、阿蒙散發愛的人。」

15

永不可解的謎語——
宗教

埃及因為宗教信仰而產生力量,但也因為宗教的腐敗而導致
滅亡。

古代的埃及是個極端的神權國家，在神明的意旨下人們各處其位，各盡其職。第一階當然是法老王及其皇族，第二階是以首相為首的各個大臣或貴族，第三階是祭司，第四階是廣大的社會勞動平民，最後就是奴隸了。這些如樹枝般的社會結構，就是以宗教的力量加以箝固。

■ 全能的祭司　上知天文、下通地理

　　關於法老王的部分，本書另有章節討論，這裡不再累述。而以首相為首的龐大政治集團則必須簡單介紹一下。埃及人將首相稱之為「維西爾」（vizier），他的產生就饒富趣味。這個首相可以是由貴族出任，但也可能是平民擔任。「維西爾」的工作繁瑣，他的職務有掌管「最高法院」、「財政院」以及各種工程執行等三十多種工作。他不但是法老王的代理人，（聖經中會解夢的猶太人——若瑟，就被任命為維西爾）也是平民的保護者，只要平民受委屈都可找「維西爾」申訴（因此維西爾又有公平者的意義）。維西爾具有幾十個官銜，統轄大量的公務人員。這些公務人員的主要工作有二個，第一測量尼羅河（請參考第十二章「柯歐普神殿」）以釐定明年的賦稅標準，然後下分至下級的州、縣、村等，各個政府稅額的多少。另一項就是收稅，其他如「運輸管理官」、「條規紀錄官」等等不一而足。

　　祭司在古埃及擁有最特別的地位，他們職位雖然不上不下，但卻深刻地影響人民的生活，甚至左右國家的國政！他們能夠受到如此崇敬的眼光，絕不是憑空而來的。埃及的祭司不能世襲，每一個人都必須靠自己的努力一步步地瞭解宇宙的秘密。從第五級祭司到第四級要四年，想來到第三級就要等十二年之後了，再上到第二級？對不起，再熬十五年！在第二級位上服務十

二年後，能不能當上第一級的大祭司，就看自己的運氣好不好了。（看自己的命長不長）

在這段漫長的歲月中，祭司必須通曉一切需要知道的事務，包括天文、地理、文字（古埃及文字非常繁瑣，在托勒密王朝之前有四種文體，上千種書寫方式）、各種咒語、醫學、神學等等，要成為一個無所不知、無所不曉的魔法師，才能贏得人民的信賴，中間的時間稍有懈怠，就必須退下現在的位置。因為他是一切的「解釋者」，不但得做與神溝通的橋梁、解釋天文異象、維持人民的健康、甚至最後連製作木乃伊都需要他，而且得保證人們死後世界的幸福。最重要的是祭祀神明的儀式，只有他們清楚。

▌想要有求必應？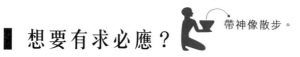

帶神像散步。

古埃及神廟中供奉的神，平時並不露身於廳堂之中，讓人隨時祭拜，而是密封在神龕中，並存放在專門的房間中。沒有儀式和活動時，這些神龕只是默默的待在那裡，因為此時神並不在那。當要舉行儀式時，才由祭司把神龕庫房打開，在仔細灑掃之後，把神龕由庫房中移出，拭去灰塵。（需要哪位神祇才把哪位移出；如果

↑ 放神像的輴舟（複製品）

↑ 眾祭司抬著哈陶爾聖舟，進行儀式

神廟中固定式的神龕

儀式需要幾個，便把幾個同時移出。）

　　古埃及人從庫房中移出後，並不立即放置在神座上供人敬奉，而是先要進行抬神龕遊行的活動，他們放置在平底船上，或者置於法老出行時才坐的輿輦上，祭司們分別抬著它們，繞神廟遊行，國王及其他奉獻的人隨著神龕緩緩而行。繞行幾圈後才將神龕抬回廟中，安放在神座上。這是因為埃及的神並不是存在神廟中，他們是遠道而來，有的走陸路，有的走水路，聽從人的召喚，從四面八方聚集於此。抬

著他們繞行幾圈，是象徵他們的長途跋涉、風塵僕僕。因此，為迎接他們，祭司或奉獻者都要依次向神龕供酒、獻食並且給神龕塗油。招待完畢後，祭司才把神龕的門打開，露出其中端坐的神。這時，神才真正存在於神廟當中，神龕中的神像真的有了神的生命。

　　古代的祭司累積了千年的經驗，前後著有七本書，這七本書包括了所有的咒語、法器用途、以及醫療和玄虛之機。它們是《尹伯斯》（Ebers）、《柏林》（Berlin）、上下卷的《卡洪》（Kahun）、《艾德溫史密斯》（Edwin Smith）和《赫斯特》（Hearst），最後是《藍敦》（London）。除了其中的醫學部分，其他祭司吃飯的傢伙，簡述如下，畢竟古埃及人相信它，並且以它為生活重心。

▌靈魂的觀念  相信「靈魂不滅，終將復活」。

　　古埃及人為什麼要如此大量的製作木乃伊呢？這要從埃及人對靈魂的觀念說起。他們有一種「靈魂不滅，終將復活」的信仰。木乃伊就是準備給靈魂歸來時，能夠再度使用的身體。因此即使是一片指甲都應好好保存，以避免將來復活後使用上的不便。而人死後靈魂去哪裡了呢？埃及古老的神話中說：人的靈魂主要有三種，一種「卡」

➡ 古埃及靈魂形態之一——巴鳥

（Ka），是指精神方面。另一種「巴」，是指靈魂。還有一種「康恩」，是很難解釋的，應該是指人的本身意志。當人類死亡後「康恩」就消失無迹了，然後進入一個「亞庫」（Akhu，意思是可塑造的靈體。這裡跟中國人投胎的觀念相通）的境界。^{註1}「卡」從人們誕生時就與我們同在，與我們同生同長相同外形和言行，它跟人類牢牢地結合在一起，例如：我們舉起雙手的同時，卡也舉起雙手。另一種靈魂「巴」它的外形是人首鳥身，當主人逝世時，「巴」和「卡」也一起離開主人身體。「卡」將前往冥界接受審判。而「巴鳥」則將在夜間遊走冥界，白日飛回主人墓室，將親人供奉的飲食帶給人形棺中的屍體享用，並且照顧屍身。換言之，「巴」的任務就是要好好保護屍身，等待「卡」的歸來，再與主人合而為一，恢復生命的力量！因此為了使「卡」能夠準確的回到主人身上，就必須保持屍體的完整，好讓「卡」辨認。

▍各式各樣的護身符

↑ 圖坦卡門複合式荷魯斯之眼護身符

護身符的使用從原始人類的「牙」，一直到現在的十字架、香灰包等一直在人們左右。古代埃及人為了避免惡魔的侵害，擁有許多種不同的護身符，最常見到的就是「荷魯斯之眼」（Udjat Wedjat），相傳奧塞烈司之子荷魯斯攻擊殺父仇人——

塞特時，因為交戰而失去一隻眼睛，因此「荷魯斯之眼」成為戰勝邪惡的象徵，同時也象徵健康，具有強大的傷口癒合能力，所以古代有一種皮製的「荷魯斯之眼」常被人當做膏藥一樣，包裹在傷口上。「安可」也是常常看見的護身符。它代表生命，也代表埃及（類似國徽）我們可以經常看神明手持此物，就是表示它是具有生命。「安可」的直線代表尼羅河，橫線代表日出的地平線，分叉的雙線代表尼羅河下游的兩條支流，連接兩條叉線的圓線代表海岸（整個類似橢圓的地方代表下埃及）你看這不是個埃及嗎。

▲ 生命傑德柱

還有亡者最重要的「心臟守護器」，這件護身符大量出土於埃及的古墓中，除了心臟造型之外，蜣螂造型的「斯卡拉貝」（Scaraab），也非常常見，蜣螂的底部刻有祈禱詞：「啊……心臟啊……你來自我的母親，請不要在審判的時候背離我」。因為埃及人相信陰間審判時，每一個人都必須交出自己的心臟，放在天秤上接受善惡的衡量，為了不讓心臟在天秤上做出不利於死者的證言，才有這種「斯卡拉貝」（心臟守護器）的產生（有時直接交出「斯卡拉貝」置於秤上，以逃避審判）。另一方面「斯卡拉貝」也意味「再生」。蜣螂是一種滾糞球的昆蟲，埃及人相信有一隻巨大的蜣螂造出太陽，然後在太陽的滾動就是因為蜣螂的驅使。太陽每天西沉之後死去，於是蜣螂在東方再造一個太陽，因此象徵再生。（因此蜣螂也是太陽神）

「傑德柱」（Djed pillar）代表奧塞烈司的脊髓，這種護身符像大力水手的菠菜一樣，能夠急速的恢復力氣及維持健康。在包裹木乃伊時放置於頸

椎的地方。代表「勝利」的符號，經常出現在建築體的門楣上，有此徽記的塔門，又稱為「勝利之門」，這是天空之神——荷魯斯與太陽神的結合體，又稱之為拉——赫拉加提（Re-Harakhti），是太陽神的另一種形象，傳說當年他們就是以這種形象，打敗了風暴之神——塞特，圓形太陽的兩旁眼睛蛇，是當時的武器。有時這個形象也會變化成張開翅膀的翔鷹，成為項鍊或者胸飾，都是護身符的一種。「伊西絲結」（Tyet）是伊西絲女神的象徵，時常與傑德柱一起出現，代表幸福，也有學者認為是象徵伊西絲的一滴血，象徵魔力。「哈陶爾像」，由於哈陶爾女神擁有多種的神性，其中一個是「太陽神的毀滅性武器」因此配帶哈陶爾像，有破邪的力量。槤枷（flail）原本是一種農器，後來成為法老的兩支權仗之一，象徵掌管生與死的權威，也象徵奧塞烈司的生死輪迴，做為護身符時，則是代表幸福。最後介紹一個我最喜歡的物品「貝斯」（Bs）。貝斯是埃及神話中保護小孩的神明，除了照顧未來主人翁之外，也掌管快樂的情緒，所以埃及人常常配帶著祂，希望能夠有好運降臨。

另外有一個護身用具非常特別，它的長相很奇怪，像一個石碑。上面是荷魯斯神幼年的形體，他頭頂「貝斯」，腳踏鱷魚，雙手拿著毒蛇、毒蝎、獅子等，上面還有咒語的象形文字，這個東西有點像中國的「石敢當」。古埃及人用水淋上石碑，據說這樣的水吸收了石碑上的符咒，所以具有魔力，用以防身治病。

其實廣義的護身符專案繁複，包括國王的權仗、神的小雕像或者含有喻義的項鍊、手鐲、甚至寶劍等都是護身符的一種。我們從 1922 年出土的圖坦卡門木乃伊身上，可以數到 143 個飾品，比較特別的東西是二個金屬物品，一種像 Y 另一種像 T，學者一直搞不清它們的含義。你要說它們是護身符我也不反對，因為在當時這兩者的界線非常的不清楚。直到埃及第 25 王朝時，

亞述人滅亡了埃及王朝，埃及人喪失了民族自信心，在恐懼的心理下，專門的護身符才大量的出現。

咒語

誰打擾了法老王的睡眠，死亡之翼
將降臨到他的頭上……。

　　西元 1912 年真是個多事之秋，有二件大事發生在這個世界上。一是鐵達尼號豪華遊輪沉沒（四月）、二是中華民國成立，10 年後，圖坦卡門之墓被發現後，有一段時期世界被「法老王的詛咒」傳說所籠罩，甚至連 10 年前鐵達尼號沉沒都牽扯進來（鐵達尼號上有一具十八王朝時期女巫的木乃伊）真的有神秘未知的咒語嗎？

　　1922 年 11 月，沉默了三千八百年的王者之墓──圖坦卡門之墓被發現！不久之後，參與挖掘的人員或家屬，一個個的意外死亡……後來「有人」傳出在挖掘過程中，曾經有一塊泥板上面寫著：「誰打擾了法老王的睡眠，死亡之翼將降臨到他的頭上。」法老詛咒的說法不脛而走，鬧得全世界皆知，連 10 年前已沉沒的鐵達尼號也來湊上一腳，弄得全世界人心惶惶。最後有人提出反證：1. 雖然死了許多有關人等，為什麼論理最該死的霍華德·卡特（Howard Carter，整個挖掘計畫的主持人）安享天年？2. 第一個爬進墓穴的阿拉伯小孩又好好沒事？3. 那塊刻有咒語的泥板（故事中說被工人隨手毀了）應該是象形文，普通工人怎麼可能看得懂象形文？後來更有人追究傳說的來由，原來這個故事是由一家報社所杜撰出來的，因為他們得不到圖坦卡門之墓的採訪報導權，於是穿鑿附會創出「法老的詛咒」這個辭彙，一直影響到今天。

　　那古埃及世界裡到底有沒有咒語呢？答案是……有！不過我個人認為稱

它為「祝禱詞」可能比較貼切吧。以下介紹一個祭司醫師治療感冒時所念的咒語，你就知道我在説什麼了吧！

「走！走！走！感冒鬼！你讓（病人的名字）的骨痛、頭痛、七竅不舒適。走！趕快離開，滾到地上！臭鬼、臭鬼、臭鬼、趕快滾！」

此外在陵墓中的咒語，絕大部分是亡者在陰間面臨危難時所執行的通關密語。由於它不是反應日常生活的事物，因此大部分至今還無法讀出它的音。倒是中國的古墓中出現不少詛咒盜墓者的咒語，例如：山東濟寧金鄉古墓中：「諸敢發我丘者令絕毋戶后瘬設不詳者使絕毋戶后毋諫入毋」。位於西安西郊，隋朝古墓——李靜墓中寫得更狠：「開者即死！」在日常生活中最古老、最強的一道咒語是：「正月剛卯、靈殳四方，赤青白黃、四色敢當，帝令祝融、以歐夔龍，庶疫剛癉、莫我敢當」不過這道咒語只有在正月初一的卯時（早

◆ 死亡之書

上 5 ～ 7 點）刻在玉器上才有效。**註 2**

■ 靈魂的旅程

人類死亡後，如同太陽西沉，經過一段旅行後，一定會在天堂重新復活升起。

埃及人不知道太陽西沉之後，為什麼又從東方升起？他們認為一定是太陽在地下經過一段旅行後，才再一次升起照耀大地⋯⋯人類死亡後，如同太陽西沉，經過一段旅行後，一定會在天堂重新復活升起。這一段旅行就是「死亡之旅」。死亡之旅並不平順，而是充滿著危險與磨難，《死亡之書》就是這段旅行的指南針，讓你平安的到達天堂。

《死亡之書》就內容而言有分為三大類，《死者之書》是教導靈魂如何脫離肉體，如何前往冥界，如何使用護身符避免惡靈的危害。《門之書》是教導靈魂通過神明的種種考驗，這裡又有二個神話體系。赫利奧波利斯（Heliopolis）神話體系中要通過 12 道門。奧塞烈司神話體系中要通過 17 道門，這類通過考驗的教導手冊都屬於《門之書》。第三部分《來世之書》是教導靈魂如何在天堂中生活、以及天堂中的地圖等。以下就是以奧塞烈司體系中的描述。

「卡」這個靈魂脫離肉體後，在伊西絲女神的祝福，以及阿努比斯的指引下，前往西方的地平線 akhet 之後，準備越過「阿特烈司（Abydos）撐天山」（埃及神話中，天空是由四座高山所撐起）亡靈必須辛苦地攀爬過高山，進入冥界之後，路上會有一棵大樹，一位不知名的神明會從樹中出現。這個神明會交給亡靈「復活之水」，以及麵包和蔬菜，以補充旅行的體力。亡靈必須伸手去接，不然就無法繼續前進，而且要退回毫無生氣的墳墓。之後有一艘駁船等著他，但是他必須叫出舵手的名字——卡蔔斯（Khephris）之後，

才能與阿努比斯一起登船。駁船從山上往山下航行，這一段稱為「夜晚地道」（Gallary of the night）然後到達冥河 Amenti。冥河上的航行，是整個死亡之旅中最危險的一段，因為冥河被一條阿帕菲斯（Apophis）的巨大毒蛇所佔據，駁船等於是在阿帕菲斯的身上航行。毒蛇不斷的扭動身體，製造出許多不定向的旋渦、險灘與暗流。如果只是這樣還不夠刺激，岸上有許多怪獸猙獰著要撲上船來，例如噴火的巨龍、有五頭的大型蜥蜴等等。水中有也有未孕育完成的無頭人蛹；或者屍體載浮載沉著，空氣中更是充滿著許多其他亡靈淒厲的叫聲與哭喊聲。他們是無法為自己辦理後事，或著是身上裝備不足的人（護身符與咒語），幸好阿努比斯一直伴隨著亡靈身邊，托特（Thoth）神所變身的巨大狒狒（眾神的代表），更是拿著網子阻止岸上的那些怪獸，侵犯船上的靈魂。

　　最後駁船將亡者送到一個叫做阿汝爾斯（Osiris）的偉大城市。亡靈還必須經過七道大門的考驗，這些所謂的門，不是我們意會中的門，它可能是任何形體所形成的入口。在進入入口前必須接受三位使者的詢問，他們是魔法使、監護使、以及詢問者。亡靈要知道每道門的秘密通關密語，以及守門者的真實姓名才能說：「打開大門，讓我通過，並且為我指出方向。」這個時候門才會出現，也許一道火，就是門！或者例如第五道門是要走入一條非常巨大的蛇的口中，蛇口就是門！感覺上非常恐怖。其實這是具有「突破物體外表形象」的暗喻。通過七道大門的考驗順利通過關口之後，就會來到一個大形走廊（hall of Osiris），走廊上另外有十個塔門的測驗。同樣的，每個塔門前都有一個守護神，駐守在塔門前，亡靈也必須知道守護神的秘密名字，才能到達最後的「真理之廳」（這些名字與閃避怪獸的咒語，全都紀錄在《門之書》上。因此《門之書》成為最最重要的陪葬品）

　　亡者要到達「真理之廳」之前，還必須要爬上一道非常非常漫長的階梯，

雖然這時往生者已經疲憊不堪，但是在阿努比斯的鼓勵下，還是不得不奮力向前！當他爬完最後一個階梯時，就真正踏上「真理之廳」了。《門之書》上形容真理之廳說：「壯麗得無法形容！首先就能看到創世的四神——空氣之神舒（Shu）、水氣女神苔

芙努特（Tefnut）、天女神諾特（Nut）和地之神該伯（Geb）分站四個角落。然後是741掌理各個方面的神明的卡（Kas）環立其中（這741個神明的名字，記載在圖特摩斯三世的陵寢），這些神明的卡，各具有不同的光芒，整座「真理之廳」就在這數百道光芒的相互激盪之下，讓「真理之廳」看起來像一個絢麗的萬花筒般。永恒之主的陰之主奧塞烈司，就莊嚴地坐在大廳的盡頭，把守著亞爾平原（Fields of Yalu，古埃及天堂的名字）的入口門前。

▌最後的審判

偉大的神，真正義之主，我讚美您！
主啊！我來了，來到您的腳前……

令人驚駭的時刻終於來臨，亡靈面臨了最後的審判。巨大的天秤在奧塞烈司面前升起，42位陪審員（每一個陪審員代表一種罪惡）也都各就各位。首先由亡靈做無罪宣言：「偉大的神，真正義之主，我讚美您！主啊！我來

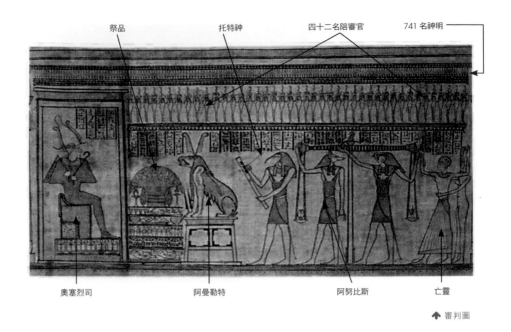

祭品　　　　　托特神　　　　　四十二名陪審官　　　741 名神明

奧塞烈司　　　　　阿曼勒特　　　　　阿努比斯　　　　亡靈

↑ 審判圖

了，來到您的腳前，在您這莊嚴華麗的殿中，我要坦白說出我心底的話，我沒有偷竊別人的東西，我從來沒有倚富壓貧……我沒有荒廢我的農地，神啊，我是清白的，清白的。」註3

　　接下來亡者交出自己的心臟，放在天秤上，另一邊的法碼是代表馬特（Maat）的真理羽毛，而且托特（Thoth）神會公正的在一旁做著紀錄。然後就是一段讓人屏息的時刻……一頭名叫阿曼勒特（Amenuit）的怪獸在一旁虎視眈眈，如果在天秤上，心臟比法碼重的話，那就代表這個靈魂有罪！阿曼勒特

↓ 天堂的僕人──沙巴提

就立刻撲上來，將亡靈拖拉到思卡勒斯 Sokaris 的煉獄去，那裡可怕的是什麼也沒有，連「沒有」兩個字都沒有。但如果心臟比法碼輕，天秤平衡不動的話，奧塞烈司就會讓他進入亞爾平原，使他永遠快樂的生活著。**註4**

值得玩味的是，靈魂在亞爾平原內並不是過著不勞而獲的生活，還是必須工作，但是靈魂可以使用沙巴提（Shabti）代為勞動。在古埃及墳墓中會經常有這樣東西出土（通常有 402 個沙巴提，除了 365 天一天一個外，每 10 個還有一個班長管理），他們身上的銘文寫著：「哦……沙巴提，如果有人要我去耕作、灌溉或除草，你會說我來了。」

在這個偉大旅程的最後，有三個重要的指標，決定他是否能成為不朽。第一個指標是這個人的人品，以及由這個人品所衍生出他在世間的所作所為。例如在戰場上勇猛地殺敵，以展現他鋼鐵的心。第二個指標是否能夠丟棄自己的本位主義。第三個指標是這個靈魂能否意識到「我自己只是生命的一部分的意義」。那麼神將永遠擁抱著他的生命、他的靈魂。

註1　另外尚有「凱比特」（Khaibit）這是由不好的情緒，例如：憤怒、哀傷所累積的惡靈。相對的，「阿克」（Akh）是快樂的情緒，例如善行、虔敬所累積的善靈。此外，「庫」（khu）是一種守護靈、「阿布」（Ab）是良知的聲音、「塞肯」（Sekhem）是一種總合形成的內在形象。

註2　中國人很重視時刻的效力，例如：陰曆七月十五日丑時，這個時刻砍下的桃木，做成的木劍才具有法力驅鬼。

註3　對神明42項無罪宣示如下：

1.我沒有做過任何不法的事情	2.我沒有以暴力搶奪別人的東西
3.我沒有偷竊別人的東西	4.我沒有傷害別人的身體
5.我沒有侵佔神殿內的祭品	6.我沒有逃避我的義務
7.我沒有對亡者的財產起過非分之想	8.我沒有說過謊言
9.我沒有說過惡	10.我沒有因我而造成別人痛苦
11.我沒有姦淫	12.我沒有讓人哭泣過

13.我沒有做過不誠實的交易　　　　14.我沒有違法犯紀

15.我沒有過狡猾的行為　　　　　　16.我沒有荒廢我的農地

17.我沒有竊聽過別人的言語　　　　18.我沒有跟任何人爭吵

19.除了正當理由外，我沒有生氣憤怒過　20.我沒有偷窺別人妻女的身體

21.我沒有讓理智離開過我的心　　　22.我沒有汙染過自已

23.我沒有引起過恐慌　　　　　　　24.我沒有起過怒火

25.我沒有停止聆聽真理、正義的言論　26.我沒有使自已哀傷過

27.我沒有做過傲慢的舉止　　　　　28.我沒有挑起過爭鬥

29.我沒有妄下評斷　　　　　　　　30.我沒有停止追求更好的目標

31.我沒有多話過　　　　　　　　　32.我沒有做過不利於人的事與物

33.我沒有詛咒過法老　　　　　　　34.我沒有汙染過水

35.我沒有以輕篾的態度說話　　　　36.我沒有詛咒過亡者

37.我沒有以不法的方式獲得報酬　　38.我沒有騙取奉獻給亡者的祭品

39.我沒有竊取奉獻給亡者的祭品　　40.我沒有盜取嬰兒的食物

41.我沒有做出對不起家鄉人的罪惡事　42.我沒有以邪惡的意念宰殺牲畜

註4　古埃及描繪「死亡之旅」主要有二大流派，除了上述「奧塞烈司的審判」之外，
　　　還有赫利奧波利斯（Heliopolis）地區的「太陽船之旅」。這派的神話故事是認
　　　為：太陽西沉之後，由陰間入口Manu進入Imnt（陰界），亡靈與太陽神同共搭
　　　船（拉牽），在渡過冥界的12「瑪努」（門）之後，由Ankhsa（陰間出口）重新
　　　誕生出來、復活。

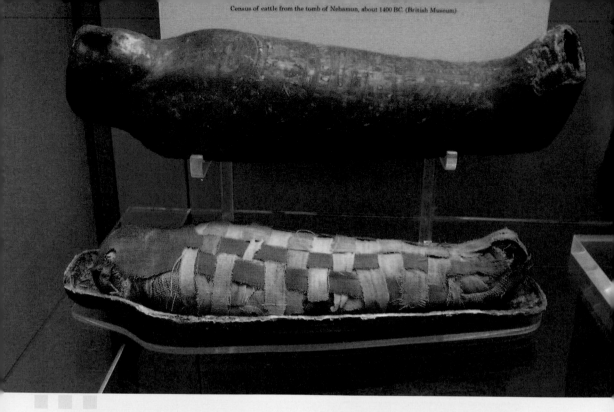

Census of cattle from the tomb of Nebamun, about 1400 BC. (British Museum)

16

穿越時空的身體——
木乃伊

奧塞烈司是傳說中的第一具木乃伊,後世的死者們即是模仿它
的形態及死後復生的歷程,藉此希望能與它一樣,能夠幸運的
死而復活!

其實誰也不知道這種古埃及對死亡的觀念產物，它的本名叫什麼。木乃伊的這個字音 Mummy，原本是阿拉伯語──「瀝青」（也就是馬路上的柏油）的意思……。在十二世紀回教民族統治埃及時，阿拉伯人誤以為這種先人遺體是浸泡在瀝青之中，才會變得那麼黑，所以以瀝青之名 Mummy 來稱呼。

▌ 木乃伊的神話故事

木乃伊的製作過程，就是神話過程

埃及木乃伊的由來和製作過程，和一個神話故事息息相關！在埃及神話

▼ 伊西絲與姊妹奈芙蒂斯和丈夫奧塞烈司

中説：在很久很久的遠古時代，創世之神該伯之子——奧塞烈司（Osiris）是一位深受人民愛戴的聖君，他教導人民製作各式各樣的工具，帶領著人民朝向更美好的日子前進，因此深受人民的歡迎。但是他的兄弟——塞特（Set），嫉妒奧塞烈司的才能和王位，於是利用一次機會將一個美麗的「人形棺」呈現在眾人面前，並且宣稱：願意將這個禮物送給最適合的人。對埃及人而言，身後的事是最重要的一件事，所以他們毫不介意的紛紛嘗試。但是當奧塞烈司躺進去時，他的弟弟卻迅速蓋上蓋子，並且釘死棺蓋，然後拋進尼羅河中，藉以將奧塞烈司殺死。

奧塞烈司的妹妹也是妻子的伊西絲（Isis），流浪千里找尋丈夫的屍身，最後在黎巴嫩地區的一棵樹下傷心哭泣時，偶然發現奧塞烈司的棺材因為河水的氾濫，而飄流在這棵樹上。伊西絲將之帶回埃及時，憤怒的塞特將屍體支解成十四大塊，再度拋棄在尼羅河中，伊西絲與姊妹奈芙蒂斯（Nephtys）又再一次費盡千辛萬苦，一一的找回屍體，然後縫合起來（但其中男人最重要的一塊，已被尼羅河的貓魚（鯰魚）吃了。埃及人至今仍不敢吃這種貓魚），並且用繃帶加以固定之後，伊西絲變成老鷹與之交合，於是有了天空、光明之神——荷魯斯（Horus）的誕生！

荷魯斯長大之後，與亦師亦友，也是殺父仇人的叔叔塞特展開激烈的戰鬥，雖然經過大神的調停，將埃及一分為二，讓兩者各自職掌一部分（上下埃及之稱的典故）。但荷魯斯堅持為父親報仇，歷經一場激烈的戰鬥，並且得到太陽神的幫助下，荷魯斯終於艱苦的贏得勝利，但他也失去了一隻眼睛，他將這隻眼睛——烏加特（Udjat），呈獻給父親奧塞烈司之靈（「烏加特」在埃及語中是「完整」的意義，是獻給亡靈最神聖、最寶貴的祭品。因此獻給亡靈最美好的事件或物品，就可以叫做「烏加特」）。奧塞烈司也因此復活成為冥界之主，主持對死者的審判及掌管天堂——亞爾平原（Fields of

↑ 荷魯斯之眼——烏加特

Yalu）入門的鑰匙。奧塞烈司是傳說中的第一具木乃伊，後世的死者們即是

↑ 貓木乃伊

模仿它的形態及死後復生的歷程（例如：手術的進行——象徵支解、繃帶包裹是重現伊西絲的祝福、以及其他宗教儀式等等），藉此希望能與它一樣，能夠幸運的死而復活！

　　古代埃及人非常崇信這個故事，數千年來，不單製作人類的木乃伊，就連各式各樣的動物也是製作成木乃伊的材料，例如猴子、鱷魚、牛、貓、甚至各種鳥類等。而動物的木乃伊跟人類一樣，擁有型棺與面具，甚至專門的墓室，如孟斐斯（Memphhis）地區的塞拉皮雍神殿（Serapis）下的「聖牛墓」就

是一例。

▌ 變態的木乃伊熱潮

歐洲人將木乃伊磨成粉後是最好的剉傷藥；還有人視為珍饈，端上餐桌。

　　1798年拿破崙遠征埃及之後，古埃及的文物才引起世人注視。當時的歐洲人很驚異木乃伊的現象，而產生種種奇怪的說法。例如：將木乃伊磨成粉後是最好的剉傷藥，稱之為mumia；據說十四世紀的法皇朗梭一世（Francois I）經常服食藉以強身。還有人將木乃伊視為珍饈，端上餐桌，這還是非貴族大戶消費不起的名菜呢！其實這些還不是埃及文物快速損失的原因。陪

↑ 埃及小販在街頭上賣木乃伊

葬的大量財寶才是覬覦的對象！阿拉伯人甚至出版了一本《藏珠之書》（The Books of Buried Pearls）專門介紹如何偷竊木乃伊的財寶，而不會被守護神咀咒的書籍。

▌ 木乃伊的製作

您的面容栩栩如生，因為我為您打開重新賦予它們的功能……

　　其實早在埃及二十七王朝之後（西元前404年，約當中國的東周威烈王

↑ 阿奴比斯製作木乃伊

時）就漸漸失傳了。幸好「歷史之父」希羅多德（Herodotus）事先曾經訪問、紀錄製作木乃伊的工匠。以下就是以希羅多德、狄奧多勒斯（Diodorus Siculus）的紀錄，以及後世的考古考據是這樣的：

　　木乃伊的製作依價錢可分為三等。最高級、當然也是最貴的作法，簡單說是這樣的：由鼻腔勾出腦髓，切開身體，然後拿出內臟以香料酒沖洗身體與器官後，再做繼續處理。中等價錢的製作：是用杉油注入體內，使內臟溶化，再沖洗乾淨。最便宜的只是以藥水洗滌腸子而已。以下再以最高級的製作流程作一記述：

　　這項工作可以分為兩大部分進行。1.外科手術部分是在「淨地」（Ouabet）施行移出體內易腐敗的內臟及「泡鹼」的工作。2.在「美屋」

（Pernefer）予以美容和神格化的儀式。這些工作均由頭戴「阿奴比斯」面具的理屍人 Embaumeur 來操刀 [註1]。屍身的手術分為顱腔和腹腔兩大部分，這兩者沒有施行的順序限制。首先，就顱腔的手術而言：用鉤子由鼻腔的篩骨（cthmmoid bone）方向勾出腦髓。除盡腦髓之後，灌入一種由香柏油及切碎的香料所混合起來的液體，由鼻腔灌入腦中，搖晃腦袋以沖洗腦殼中的殘餘組織，傾倒出來後，再藉由鼻腔將樹脂倒入腦中，藉以固定內部。

接下來的腹腔手術：用刀在屍體左側開個十釐米長的切口，從切口取出所有的內臟，只留下心臟和腎臟 [註2]。取出的內臟逐一以椰子酒和含有沒藥（myrrh）[註3]、及香料混合液體加以洗滌後，用亞麻布一一包裹起來，腹腔內同樣以沖洗顱腔的液體沖洗。然後防腐師將屍體上容易脫落的部分，例如手腳指、指甲、耳朵用亞麻布事先包裹起來，與腹腔取出的器官一起埋進「泡鹼」（Natron）[註4] 粉末中，藉以抽乾水分，大約一個月之後，才可把屍身與器官起出，再以香料液體清洗、擦拭乾淨之後，防腐把已經乾透的內臟，逐一用塗有樹膠的亞麻布 [註5] 細細的包裹起來，放回腹腔或者以四個「卡諾皮克罐」（canopic ior）[註6] 盛裝起來。然後用鋸屑、麻布、或樹脂等填充腹腔。

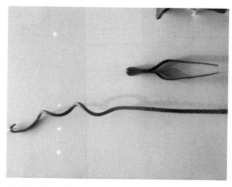
↑ 製作木乃伊的器具

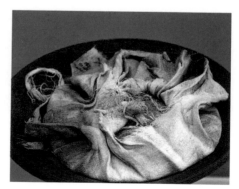
↑ 泡鹼粉末

↑ 亞麻布

↑ 卡諾皮克罐

　　再將切口縫合。縫合處蓋著一塊畫有「荷魯斯之眼」（Eye of Horus）的獸皮，或象徵性的碟子。然後戴上精緻的假髮（古埃及男女都是不留頭髮的，但是戴上假髮），乾枯的眼眶中也用一團布或假眼補好。之前或許因顱腔手術，而損壞的鼻子也必須以木刻假鼻彌補。然後是整形手術，也就是要將已乾癟的屍身，恢復成生前的樣子……。

　　防腐師會在木乃伊嘴裡同樣塞入麻布，讓兩頰看起來豐滿。最後用硃石（磨碎後可做染料土）替死者面部及全身染色，男染成紅色、女染成黃色之後，就可用神廟提供、抹過松香的亞麻布，將四肢及身體細心地包裹起來。包裹的同時不但要誦讀每一個身體部位專屬的經文，還要將各種護身符，以蜂蜜和蠟固定在裹屍布 Tayet 或 Suhet 註7 中。

　　具有皇家身分者，可將雙手交叉於胸前（不具皇族身分的貴族，雙手交叉抱胸、手指平伸，插入腋窩中。平民平貼大腿外側）。然後將一個酷似死者面容的面具，套上屍身上半部。這個面具的目的是讓靈魂「卡」回來時容易辨認，正確地附身復活。只有極高等的死者，才可在身體和人形棺貼上金箔，或套上純金面具，戴上金手指套、腳套、或眼蓋、壓舌等（古埃及人相信黃金是神的肉體。由於貴族死後已成為神，所以可以黃金覆蓋人形棺上表

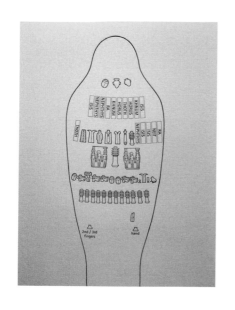
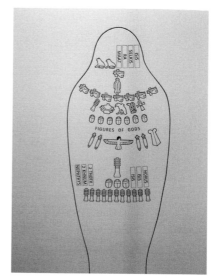

現成肉體的部分）。

　　包裹完畢屍身後，防腐師的助手會象徵性的用石頭將防腐師擊打出去（這是告誡世人無論任何人，都不得以任何理由褻瀆死者的身體，否則將受到嚴厲的懲罰）。最後就是通知喪家領回。喪家準備人形棺、拖舟、《死者之書》註8 等及豐富的陪葬品，以拖舟拖行（象徵由陽間過渡到冥間）至阿比多斯（Abydos）地區的聖湖（Sacred Lake）旁，並且演一場審判的戲劇註9，之後渡過聖湖前往「永恆的家」，隆重地安葬死者，並且舉行安葬儀式（此儀式必須在太陽神消失於地平線前完成）。首先祭司獻上牲禮，通常是小牛的前腿。然後在棺木外獻放花圈，並且用牛奶潑濕棺木邊緣（表示這個棺木已經是死者所有）。之後大祭司以「橫口鉋斧」註10 舉行開口儀式 註11（Opening of the Mouth ceremony），祭司祝禱法老說：

　　「王啊⋯⋯您的面容栩栩如生，因為我為您打開重新賦予它們的功

能……我用烏璞奧的鐵製手斧打開了您的嘴。這把鐵斧曾經打開過神的嘴……荷魯斯也用過這把鐵斧打開過他父親——奧塞烈司的嘴，現在他又用這把鐵斧打開了我面前這位王的嘴……願上下埃及的主，兩地的君王（名字）如太陽神——拉一樣享有永生、健康、和富足。」隨著咒語的聲音逐漸沉寂，人們也慢慢離開墓室，留下永恆的永遠，祭司走在最後，烙印上阿奴比斯之印（屬於帝王之墓的封印）。

　　一個人類自此成為「神」！其實上述的製作過程是個總結論述而已。事實上，它一開始不是那麼複雜的，也是經過時空的進化。但因為時間的長遠，以及盜墓的長期破壞，所留下的資料可以說只剩鳳毛麟角，讓我們藉以窺豹。

■ 木乃伊與其他器具的演進

讓回歸的靈魂
找到自己……

▲ 史前時代的木乃伊

王朝開始前的先民，他們的葬禮儀式，只是用山羊皮包裹一下而已，後來進步到將先人放入用嫩樹枝編成的大籃子或蓆上。在王朝開始後，第一個證明人工製作木乃伊的證據，是學者所發現的第一王朝時代的第三位國王傑爾（Djer）的一截小臂（一說是他老婆，因為後來被丟了所以已無法進一步證實）。從這段時間到古王國時代，理屍人已經開始用亞麻布，仔細地包裹死者的身體及四肢，連每一根手指都不放過，然後「屈葬」放入「陶棺」內，埋在「馬斯他巴」內。第四王朝開始，也就是「金字塔時代」時，他們已將容易導致身體腐化的內臟取出，

加以處理之後，再以樹脂泡過的亞麻布包住（這種方式反而因產生化學變化，造成木乃伊的損壞。例如圖坦卡門的木乃伊就如此「燒」壞的）。這個時候屍體已經演進以平躺的方式埋葬，而且會將亞麻布「膠化」以後，做出死者臉部的輪廓，並且用彩繪描繪出其線條。

上述面具的目的，是給靈魂歸回時辨認用的，是「中王國時代」開始流行的。製作方式大致上是：用「紙草紙」或亞麻布，泡水之後加上石膏而成，古埃及人叫做 Cartonnage。其他重要的葬儀工器如人形棺也是「中王國時代」的產品。它剛開始是最內層的棺木，被放入較大的長方形石棺。後來這個長方形石棺也被造成人形的樣子，而且會在上面簡單介紹死者。至於皇族雙手交叉胸前的形式，則是由十八王朝的第二位法老「安門荷特普一世」（Amenhotep I）開始的。

▋ 卡諾皮克罐的形成

古王國時代，埃及人已經演進出完整的墓葬儀式。將內臟從切口取出處理，這原來是下埃及人（北方人）的特徵，直到中王國時代統一埃及才全境通行。目前發現最早的標本是建造大金塔的古夫（Khufu）媽媽的木乃伊，她的四種器官只是簡單用鹽處理一下，然後放入一個盒子的四個格層中。後

▲ 四種動物的卡諾皮克罐

來這種盒子為四個罐子取代，它們通常是用雪花石或石灰石做成的。最早的卡諾皮克罐沒有任何裝飾，到了「第一中間期」時，罐口有了人頭裝飾表明這四種器官的人格化。

到了「中王國時代」有些罐口甚至有了手、腳的裝飾。到「新王國時代」把它們像加工木乃伊處理，然後放入單獨的木乃伊棺槨中。像圖坦卡門墓中的器官，首先經過亞麻布包裹後放入刻有經文的黃金「卡諾皮克盒」，再放進雪花石製的「卡諾皮克罐」，四個卡諾皮克罐同樣放在「卡諾皮克箱」，最後卡諾皮克箱放進有四方女神守護的「卡諾皮克櫃」。除了上述的四種器官外，身體的其他部分，甚至與人體有關的東西都不扔棄。它們被小心地收藏在一個叫做「泰柯紐」（tekenu）的袋子。「泰柯紐」通常是黑色的，而且袋口做成一顆人頭的形狀。在舉行葬禮時，放在拖舟上，尾隨在送葬隊伍。

▋ 結語：一切終歸消失……

傳統的說法認為：製作木乃伊是重現奧塞烈司的重生過程 註12 。人們模仿祂的形態以取悅祂，好讓自己跟祂一樣能夠重生。因此即使費時費力（脫

水四十天，化妝三十天），埃及人卻樂此不疲。目前現存最早的木乃伊，經考據證實是屬於第四王朝所製成的實物（西元前 2600 年）。到了第二十七王朝（西元前 1085 ～ 945 年，約當中國西周初期成王，至中期孝王）時，木乃伊的製作技術達到最高峰！但其後就逐漸演變成只注重外表，將死者表面化妝得栩栩如生，並且用簡單的松香麻布封好內外，來掩蓋屍臭。所以後期的木乃伊，到了今日，在厚厚的亞麻布下只剩下少許的骨骸了。以往盡心盡力永保屍身的技術就漸漸失傳……只憑我們後人想像。

註1 法老王在地面上擁有絕對的權威，所有的土地、財產，甚至個人都是屬於法老王個人所私有的財物。因此切割人的身體等於侵犯法老王的權威，會因此受到詛咒！所以理屍人戴上「阿努比斯」神（守衛墓地之神）的面具，是代表阿努比斯執行工作，就可以避免詛咒。

註2 或者是取出清洗處理完再放回體內。埃及人相信心臟是代表一個人的智慧和財富，並且紀錄著人們在世間的善與惡，所以將心臟留在體內以便主人在冥界接受奧塞烈司及其他陪審的審判。

註3 沒藥是指一種藥草所製成的藥品，沒藥樹在埃及視為一種香料。

註4 泡鹼是碳酸鈉、和碳酸氫鈉的混合劑。主要採集地是埃及奈特龍地區的湖泊中。分子式：Ha2Al2Si3O102H2O

註5 此時使用的亞麻布，大部分是由神廟中的祭司提供，這些亞麻布均經過祝禱及燻香，是皇族人員才消費得起的。

註6 卡諾皮克罐（Canopus）是後代譯音謬誤所影響，原音已失逸。古埃及人將全身分為36個部分，每一部分皆有一位守護神。內臟的守護者即是以下四位。在十八王朝之前多成人形，當它們是人形時象徵：
塞特、薩爾基斯、奈夫蒂斯、伊西絲。十八王朝之後，漸以四種動物造型取代，它們是何魯斯的四個兒子，分別是：
杜阿穆特夫 Duamutef　　　（豺）守衛 胃
凱拜赫桑努夫 Kebhsenuef　（隼）守衛 腸
哈比 Hapy　　　　　　　　（猿）守衛 肺
阿姆西特 Amset　　　　　　（人）守衛 肝
（十八王朝約當我國殷商中後期）

註7 傳統是以螺旋的技巧包紮木乃伊，在二十六王朝時技巧精進成：將窄條繃帶相繞複環重疊，呈現出幾何稜形的交錯圖案。有時裹屍布可厚達二十層，長達二公里。

註8 《死者之書》埃及人稱「Coming Forth（from death）by Day」是為了教導死者在前往陰間途中，如何保護自己，避免路上妖魔的危害；以及審判時如何應答42位神明的問題，甚至愚弄神明而產生的咒文、或可誦的文章。舊王國時代，是寫在墓室的牆壁上，和圖畫在一起。到了中王國時期則寫在棺內，因此又稱「棺槨文」。最後在新王國時，才演變成卷軸式，寫在紙草上，放置人形棺中。

註9 阿比多斯是傳說中，埋葬奧塞烈司之地。因此遺體至此，能額外得到神明的祝福。聖湖旁的審判儀式：由42位法官象徵地府內42位陪審員，在現場要求觀眾舉出死者在世的惡或善。（當然不會有人出來指責死者，但會有專人歌頌其善）由此劇代表死者通過冥界審判，順利到達天堂。

註10 灣書籍翻譯成：橫口鉋斧。但事實是：「麥施特琴」。橫口鉋斧由一個曲柄與金屬刃組成，本於裁木或刨木頭的工具，非開口儀式的工具。用於開口大典的工具是麥施特琴。

註11 開口儀式：祭司以「麥施特琴」輕敲人形棺上的眼、鼻、口、耳等部位，以象徵打開死者在陰間的這些感覺，好讓亡者在另一個世界中，正常的生活。

註12 奧塞烈司慘遭分屍後，其妻找回雜塊後以繃帶包裹。阿奴比斯、荷魯斯、伊西絲三神使其復活。木乃伊的手術象徵分屍，亞麻布纏身就如同繃帶包裹奧塞烈司一般，最後祭司手持「橫口鉋斧」重現荷魯斯的行為，戴著阿奴比斯面具的祭司站在相同的位置，一同為死者重生祝福。

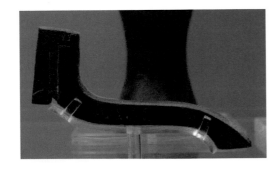

◆ 橫口鉋斧（麥施特琴）

17

天堂的主人——
古埃及眾神

波斯大舉入侵埃及，以貓為前鋒，埃及士兵因為害怕傷害神的
使者，不戰而潰，說明了埃及人對諸神的信仰程度。

西元前 525 年的某天，波斯王——岡比西士下了一個奇怪命令，他命將士們盡量收集全國的貓咪。不久之後，波斯大舉入侵埃及，但卻以大量的貓為前鋒！埃及的士兵們因為害怕傷害神的使者，不戰而潰，平白讓波斯征服了埃及全境！這個故事說明了埃及人對諸神的信仰程度。

▌埃及宗教的特色

怎一個「亂」字了得。

　　埃及宗教第一個特色就是多！與世界其他先驅文明一樣，是屬於多神教。日常生活中易於辨認的神就有 200 多個，其他個性不明或存在時間短的神，幾乎不可計算。這是因為埃及的歷史悠長，許多神明經過多次演變，也許與其他神明的神性融合，（例如：太陽神——拉，像個正字標誌一般，每當某一個神比較受寵時，就讓祂與拉神結合，以提高祂的神力。如：阿蒙——拉、荷魯斯——拉）創造出另一神明；或者根本消失在時間中。第二是埃及神祇具有地區性，同一神性在不同時間或地區，就有不同神祇。例如：太陽神自己就有三個名字，在早晨是有翼甲蟲——赫普裏（Khepri），中午是人身隼頭的——拉（Ra）、下午是——阿圖姆神（Atoum）。第三他們的宗教並不統一。古埃及最重要的宗教中心有四個，分別是：赫利奧波利斯（Heliopolis）、孟菲斯（Memphis）、赫爾摩波利斯（hermopolis）和底比斯（Thebes）。這四個地區各有各的創世說，各有各的主神，以及其他　神，對教義的解釋都不相同，換言之，埃及沒有統一的主神（例如城邦制的希臘有統一的主神——宙斯），因此就會產生不同的說法，這點對剛學習古埃及文化的朋友，常產生很大的困擾。

　　不過他們有國家級的大神，例如：奧塞烈司、阿蒙等。反正想要對埃及

的宗教有完全的瞭解，非常的困難，因為資料內容並不統一，而且前後矛盾。因此本篇僅做一個簡單的介紹。

古埃及的創世說

創世神的手淫，和口腔當子宮，開始了世界。

上文說到埃及至少有四個創世說，限於篇幅，僅以一個比較出名的——赫利奧波利斯（位於尼羅河東岸，開羅的東北方）地方的創世故事，來做介紹。

傳說……

在很久很久以前，世界上沒有人類，也沒有神，只有一片混沌的大水，這片水稱之為——努恩（Nun）。後來有一座神山——阿圖姆（Atoum）山慢慢的浮出水面，阿圖姆神就成為第一個神，也是唯一的生命體。有一天，阿圖姆神百感無聊與寂寞，於是它「將雙手合十，把生命的鑰匙放在手中（就是手淫），然後把鑰匙放入口中」於是從嘴巴裡孕育出一對攣生子，他們是空氣之神——舒（Shu）及水氣女神——苔芙努特（Tefnut）。舒與苔芙努特則生育了「天」女神——諾特（Nut）和「地」神——該伯（Geb），而該伯跟諾特生下了後世非常有名的奧塞烈司、伊西絲、塞特、奈芙蒂斯等四位神明。於是阿圖姆、舒、苔芙努特、該伯、諾特、奧塞烈司、伊西絲、塞特、奈芙蒂斯等九位神，後來成為一個神聖的整體，稱為「九神會」。

古埃及人又從九神會進一步把宇宙描繪成是空氣神舒雙手托著女天神諾特，下面躺著地神該伯。諾特的雙手雙腳與該伯的雙手雙腳分別相觸。其他諸神分別居住在諾特上方左右，星星則在諾特身上運動。

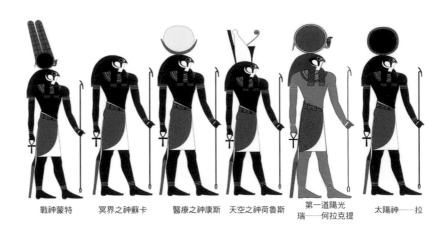

| 戰神蒙特 | 冥界之神蘇卡 | 醫療之神康斯 | 天空之神荷魯斯 | 第一道陽光
瑞——何拉克提 | 太陽神——拉 |

眾神小傳

神明各司其職，掌管人間
不同的事務。

　　拉（Ra）：從埃及的第五王朝開始，太陽神拉就一直是埃及的最高神祇、它是諸神之王、人類之父、天地之神、以及國王的守護神。埃及人認為：拉不僅是埃及的神，同時也應該是世界的神（盛極一時的阿蒙神僅是埃及的國家之神）！因此全世界都應該伏首於拉的親生兒子——法老王的命令下。它也是主管宇宙秩序和世間的「瑪奧特」（意謂世上的美好事或物）的神。一般形象為人身隼首，頭頂日盤 ᵃ¹。（時常有人將它與荷魯斯搞混，他們的分別在於拉頭頂上是一個圓形的太陽圖形；而荷魯斯是高桶狀的「上下埃及王冠」或「日輪冠」）。拉的象徵物就是方尖碑。

　　阿蒙（Amon）：（又稱 Amun、或 Ammon）最早出現於十一王朝，原是底比斯地區赫蒙（Khmun）地方的風神或空氣神，是古埃及史上最重要的神祇之一。埃及十四王朝時，由於內戰讓西克索人（hyksos）人趁虛而入，統治了二百多年，直到十八王朝時，王族以祂為旗幟，完成復國大業，

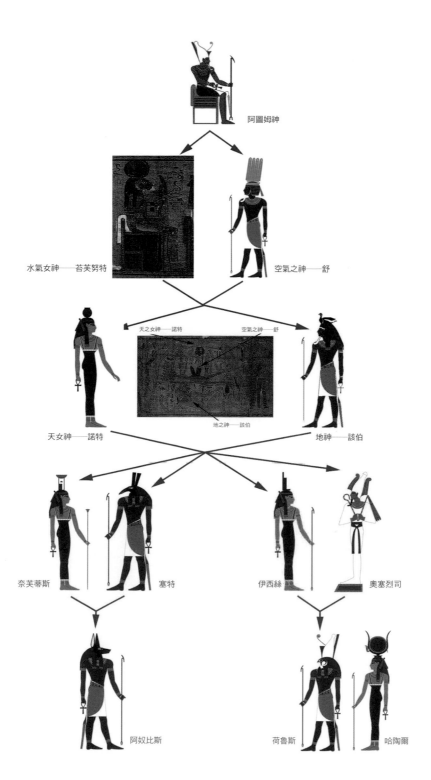

阿圖姆神

水氣女神──苔芙努特　　　　　　　空氣之神──舒

天之女神──諾特　　　空氣之神──舒

地之神──該伯

天女神──諾特　　　　　　　　　　地神──該伯

奈芙蒂斯　　　　　塞特　　　　　　伊西絲　　　　奧塞烈司

阿奴比斯　　　　　　　　　　　　　荷魯斯　　　　哈陶爾

並且以底比斯為首都，建立了新王國（十八王朝）。因此阿蒙也成為新王國時期的國神。但在二十五王朝時，埃及首都孟菲斯被亞述人攻破，阿蒙神的地位才逐漸消退。阿蒙神通常呈人形，頭戴羽毛王冠，有時也以公羊、公牛或鵝的形象出現。牠另有戰神的身分……當牠化身成戰神時，稱為：蒙特 Monthu。外型和荷魯斯一樣鳥頭人身。不同的是 保有阿蒙神的雙羽冠，以及手執月刀 khepesh。

穆特（Mut）：阿蒙之妻。也許是夫榮妻貴！只知道她是底比斯地區威力強大的女神，也是戰爭女神。但實際上如何尊貴？多數不清楚。當她為戰神時，常以禿鷹或母獅的形象出現。這時則改稱為塞克邁特女神。但是奇怪的是這時候的塞克邁特（Sekhmet）不是阿蒙的老婆，而是普塔神的妻子，職掌戰爭，形象為獅頭的女神，頭頂日盤及眼鏡蛇 [註2]。

康斯（Khonsu）：阿蒙與穆特之子，是月神，也是醫療之神。特徵是頭頂一個上弦月，緊接著一個滿月，常做木乃伊形態的打扮，或者鳥頭人身，但頭上月亮的特色不變。

← 拉

← 康斯

卜塔（**Ptha**）：孟菲斯地區主神，形象作光頭，手持節杖，成木乃伊狀的男人。祂也是孟菲斯神話中的創世神，以「說」出諸神名字的方式，創造出諸神，因此也是諸神之父。同時也是雕刻師、金工師等工藝的守護神，而且是黑暗之神。祂的形象也常常出現在陵墓之中，就亡者希望托蔭祂的保佑，度過恐怖的黑暗地府。

哈陶爾（**Hathor**）：又叫 Athyr。哈陶爾是天空之神荷魯斯的妻子，負有守護年幼的法老的責任。傳說法老是哈松圖斯（Harsomtus）神，是她的親生小孩。埃及中後期時，常常跟伊西絲女神混為一談，因為兩者都有哺育幼兒的造型，不同的是：伊西絲是哺育荷魯斯；哈陶爾哺育年幼法老為素材。

有時哈陶爾也以牛的形象出現，例如阿布辛貝的奈弗爾塔里神殿內的底部，就有一個母牛造形的哈陶爾。哈陶爾是愛與音樂的女神，但也是太陽神的武器。當太陽神在陰界冥河旅行時，哈陶爾會化身聖蛇「優拉阿斯」，保護虛弱的太陽神，所以她擁有極強的破邪力量！

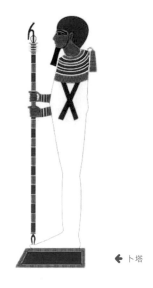

← 卜塔

← 哈陶爾

奧塞烈司（Osiris）：陰間主神，也是穀物、耕種之神；因此也是象徵豐饒之神。又因為祂在人間時為百姓帶來文明契機，所以又是文明之神。在冥界更是主持對死者的審判；以及掌管通往傳說中天堂樂園——亞爾平原（Fields of Yalu）的大門鑰匙。有了以上的頭銜，可見他在人民心目中的重要，不但在人間掌理農作物的生長，關係到溫飽的問題，到人民過世後，也管到永生的幸福問題，真是從生到死後，都在他的管轄範圍內，還真是辛苦他了。奧塞烈司的象徵物是葡萄，因為葡萄果汁殷紅如血，因此常作為宗教儀式的物品，每年葡萄的榮枯，就成為奧塞烈司從死亡到復活的歷程。（埃及墓中常繪有葡萄，就是象徵復活之意）

　　伊西絲（Isls）：奧塞烈司之妻、天空之神荷魯斯之母。形象多為頭上放著凳子狀的物體。她是埃及神話中地位僅次於太陽神拉，而且當有一天拉神去世後，她就是第一繼承者。為什麼伊西絲有如此崇高的地位？話說：古埃及人通常都有兩個名字，一個是平常稱呼的小名；另一個稱為「倫」（Ran），是不可輕易為人所知的真名。因為真名含有魔力，知道某人的真名，

◀ 奧塞烈司　　　　　　　　　　◀ 伊西絲

就能輕易的掌握他的行為。神話故事中，伊西絲用計騙到太陽神的真名，因此她也成為職掌魔法之源的魔法女神，偉大的生命與健康之神、死者的保護神。西元前 54 年羅馬人統治埃及後，對伊西絲女神的信仰，擴展到了地中海沿岸及歐洲大陸。是少數跨出埃及土地，被外人敬拜的神明。

荷魯斯（Horus）：天空之神、光明之神、並且是王權守護神之一。形象作鷹頭男人狀；以及頭頂埃及上下王冠。神話中它與拉（Ra）的威能結合後，打敗了邪惡之神塞特。這個結合體應該稱為瑞——何拉克提（Ra-Horakhti），也稱為「勝利之神」，常出現在門楣中央。因為與塞特激烈的戰鬥，荷魯斯失去了一隻眼睛，但後來又將那只眼睛奪回來，贏得勝利！那只眼睛後來稱為「烏加特」（Udjat，意為完整的）又稱為「荷魯斯之眼」。它有二個意義：當它是護身符時，代表戰勝邪惡！是埃及最常見到的物品，而且具有強大的療傷能力。當它出現在貢品或禮品上，尤其是獻給死者時，是代表獻給亡靈最神聖、最寶貴的祭品（當年荷魯斯將眼獻給父親奧塞烈司時，他的父親因此復活）。荷魯斯另外有一個幼年的形象（留著 sidelock of youth 的髮形），稱之為「哈波奎蒂斯（Harpocrates）」。

塞特（Set）：沙漠之神、風暴之神、同時也是黑暗與邪惡之神。雖然祂的角色並不討喜，但畢竟也是「創世九神會」的成員之一，仍有

← 荷魯斯

← 塞特

祂的一席之地。在埃及邊境的某些軍事化的城市中，還以祂為主神，就是希望藉其威嚇阻敵人。至於祂與荷魯斯神戰鬥的神話，其實是一個史實。那是早在第二王朝時，有個南北戰爭時代，波希本（Persiben）與卡塞坎姆（khasekhem）兩大集團，分別高舉「荷魯斯之旗」與「塞特之旗」相互對抗。最後由卡塞坎姆贏得最後勝利，而留下了這個故事。在十六王朝時，西克索人非常崇拜塞特，視為他們的戰神 Sutekh，並在阿瓦裏斯（Avaris）建廟。西克索人被驅逐之後，塞特被當做洩憤的物件，而做大肆破壞，因此埃及土地上沒有祂專屬的神殿。塞特的形象是長耳羊頭狀的男神。

奈芙蒂斯（Nephthys）：死者守護之神。塞特之妻、阿奴比斯之母。曾跟隨著伊西絲女神，找尋奧塞烈司的屍身。形象常為張開雙翼，保護著死者棺木，或者是卡諾皮克罐的女神或是老鷹。特徵是頭上戴的東西看起來像「油燈」。

阿奴比斯（Anubis）：塞特與奈芙蒂斯之子，他是死者之神、墓地之神、負責製作木乃伊，並且引導亡者在冥界旅行，但他並不負責保護。死者必須

◀ 奈芙蒂斯

◀ 阿奴比斯

依靠自己的能力，例如：當初陪葬的護身符，和《死亡之書》上的記載咒語，自己度過種種難關。最後還有執行對死者的審判。大多出現在奧塞烈司身旁。形象為胡狼頭的男神。埃及人對胡狼的崇拜起源很早，在王朝前期就開始了，極可能是胡狼經常在墳場被發現，所以埃及人認為胡狼是墳場的守護神。

托特（Thoth）：埃及的文字與智慧之神。在傳說中，祂也是亡者在最後審判中，功與過的紀錄者。古埃及人從很早的時候就開始注意星象，尤其是「天狼星」。因為每當「天狼星」升起時，差不多也是尼羅河開始氾濫的時候，是一年三季的頭季開始。托特神就是這顆「天狼星」的代表！以祂為首，其他　神跟隨其後，開始每月每日的輪值，以守衛這片大地。雖然平常以紅鷺鳥頭人身的造型出現，但也常常以狒狒的造型現身。由於上述的緣故，狒狒造型的托特有著開始或者眾神的意義。

凱普利（Khepri）：上升的太陽神（古埃及人認為初生的太陽，如蜣螂推滾糞球般），因此朝陽的太陽神形象是蜣螂頭人身。也有以凱普利──蜣螂造形的護身符，稱之為「斯卡拉貝」（Scaraab）或稱聖甲蟲。

← 托特

← 凱普利

阿圖姆（Atoum）：赫利奧波利斯地區的創世之神、也是落日的太陽神。

克嫩（Khnum）：傳說它跟咱們的女媧一樣，不斷以陶土塑造出人類，因此是生命之神，也是陶工之神。在《死亡之書》中描繪：每天當太陽西沉死去，航行東返復活的河道時，太陽神變成克嫩的形象，克嫩成為太陽神的「巴」，準備重塑太陽金身。

馬特（Maat）：正義、真理、秩序之女神，特徵是頭上有一根羽毛。她代表世間美好事物，並且參與冥界對死者的審判。祂的神性名為「瑪奧特」，而古埃及人則將美好事物都稱為：「瑪奧特」；它所包涵的內容非常廣泛，凡是好的、真實的、正義的東西都可以稱為瑪奧特。古埃及人把瑪奧特看作世界存在的物質基礎，是現世與來世的物資食糧，甚至是神不可或缺的營養精神。世間如果少了「瑪奧特」的話，就必將滅亡！什麼是「瑪奧特」？就是「愛」！人與人之間、人與物之間如果沒有愛，世界就將滅亡！在世間埃

← 阿圖姆　　　　　　　　← 克嫩　　　　　　　　← 馬特

及人以麵包、酒、燻香來代表它。在壁畫上所表現的形象是：獻祭者手托著一個小小的、而且坐的馬特女神，那就是代表獻祭瑪奧特。

敏（Min）：豐饒與生育之神，同時也是道路和沙漠之神。可能是埃及歷史中最古老的神明。據説：他是確有其人，是埃及少數由人類成為神明的。説故事的人也不知道是哪朝哪代，有一回，法老王率領全城的男人出征，敏在戰場上斷了一隻腳，而被遣返城內。過了許久，法老回國卻發現全城的婦女全部懷孕了！經過查詢結果，是敏幹的好事。説故事的人並沒有交代法老是否處死了他，只説後世因為他的行為，而封他為生育之神。

塞斯特（Seshat）：工程與測量女神，古埃及人在興建神殿，必奉祂的名義，規劃其籃圖。

索埃里斯（Tawaret）：古埃及的懷孕女神，形象是一個站立且大肚子的河馬。

← 敏　　← 塞斯特　　← 索埃里斯

索貝克（Sobek）：亞斯文正北方 40 公里——柯歐普（Rom Ombo）地區的守護神，象徵肥沃多產。

巴斯塔特（Bastet）：家庭的守護神，保衛家庭成員不受疾病的困擾。形象是一隻貓，或貓頭女神，手持搖鈴。另外牠也負責在 Haasa（陽世）看守 Lmnt（冥界）的入口，捉拿世上不潔的惡靈。西元前 525 年，波斯就是以貓為前鋒，埃及士兵不敢傷害巴斯塔特女神的象徵物而戰敗。

塞克特（Selkis）：婦女分娩時的守護神，頭上頂著一隻蠍子的塞克特女神，也常出現在守衛亡靈的四方女神之一。

奈佛圖（Nefrutw）：卜塔與塞克邁特之子。這個名字原代表「十全十美」是蓮花芬香氣味之神，但也是將罪惡銬上法庭，傷害其靈魂的神明。形象是一個俊美的年輕人，頭頂蓮花，手持鎌刀。

貝斯（Bs）：神的外型不同於埃及其他神明的身體比例，祂頭戴著很像非州土人的羽帽，有著一張大餅臉；而且有一對招風耳，滿嘴捲曲的鬍鬚，

◀ 索貝克　　　　　　◀ 巴斯塔特　　　　　　◀ 塞克特

赤裸的身體，似乎彎著膝蓋，双手扠腰，十足像非州土人時常會做的跳舞動作，整體形象讓人懷疑這是外來的神明。雖然如此，祂卻是一個很受歡迎的神明，除了祂能保護孕婦肚中的胎兒外，小孩的成長過程也依賴祂的保佑。除此之外，祂也是掌管快樂的情緒，以及保護人類不受惡靈或毒蛇侵犯的神明，所以埃及人常常配帶著祂，希望能夠有好運的降臨。

◀ 奈佛圖

◀ 貝斯

註1　拉Ra或雷Re是同樣的，只是譯音不同，注意如果拉的頭上光盤有眼鏡蛇的話，要看旁邊的詮釋，可能是瑞──何拉克提（Ra-Horakhti）。
註2　有時水氣女神──苔芙努特（Tefnut）也以獅頭女神的形象出現，需參考當時圖騰旁的註解。

18 太陽光下的古埃及人生活

啤酒、麵包不離口；男人一條短裙到處跑；貴族房舍蓄大水池；船行尼羅河走遍南北；孩童受教也不輕鬆；音樂、舞蹈愉悅百姓。

食

用來當錢的麵包。

在古埃及時代的主食，就是麵包，這個習慣從法老時代到現代未曾改變，還是類似麵包的「饢」。然而在古代由於技術的問題，石磨中的細砂常滲入麵包中，容易得到牙床膿腫的毛病（因此古埃及的牙醫特別多），著名的拉姆西斯二世就是得了牙床膿腫，併發其他症狀而過世的。

古埃及的麵包，一樣是由麥類磨成麵粉製成的，但是它的種類繁多，根據「新王國時代」的一份文件顯示：當時有一百多種不同類型的麵包，配著其他副食如蔬菜、水果、糕點和飲料，成為埃及人民日常的飲食內容。麵包百來種，這主要的差別在於它們的形狀，以及添加物如蜂蜜、椰棗等不同而有所差異，讓人有層出不窮的感覺。麵包之如此受歡迎的原因，除了好吃之外，我想大概是因為它也是一種貨幣吧，試想誰不愛錢呢？

一直到托勒密王朝的時代，埃及才有正式的金屬鑄造貨幣，在此之前「以物易物是埃及主要的交易方式註。雇主支付酬金時就是以麵包來付款。以一個監工的工頭而言：他一個月有70塊麵包的薪水，這看起來好像不太多，一天只有二塊而已，不過，當時的麵包可能是相當大而結實，像現在的一條吐司左右，所以他可以將其他的麵包交換其他的副食，例如肉類或啤酒等。

⬇ 古埃及麵包

談到啤酒，似乎也是埃及人發明的產物。啤酒與麵包，就像焦不離孟般地活躍於日常生活中。它是上自法老貴族，下至升斗小民都非常愛用的飲料，古埃及人可以沒有麵包，但不能沒有啤酒。據說古時有次工地中啤酒供應不及，而造成工人的罷工！可見啤酒在人民心中的地位。啤酒與麵包在製作的初期過程是完全一樣，只不過一個用「模子」塑型之後去烤成麵包，一個加入酵母後丟到大桶中去發酵，幾周之後，再加入麥芽漿，或其他香料（果汁）調味。釀好的啤酒會先過濾掉雜質，然後再裝在瓶子裡供人們飲用，但是因為埃及的啤酒很濃稠，因此在享用時通常要用中空的「麥桿」來喝，而且末端還有個篩子，如此才能盡情的享受了。（發現了嗎？埃及人發明了「吸管」）

而葡萄酒是貴族享用的高級飲料，雖然不禁止一般平民飲用，但比啤酒貴五倍的價格確實讓平民消費不起。埃及人對釀造葡萄酒的重視程度，不輸給法國的干邑地區。從圖坦卡門墓中出土的葡萄酒瓶上，清楚地標示著產地、年分、葡萄種類、口味（甜或不甜）甚至連賣酒的商人姓名都清楚標示。葡萄酒不但是高級飲料，在某些宗教場所也代表神明的血液，例如冥界之神奧塞烈司，祂不但是冥王，在陽世界裡也是掌管萬物「生生不息」的力量。每年成熱的葡萄酒，正是代表奧塞烈司的力量大地回春。

↑ 古埃及吸管

↓ 圖坦卡門的葡萄酒罐

當然埃及人也吃其他肉類，這其中包含牛與羊、豬等，但是羊肉比較便宜，所以較受歡迎。尼羅河中豐富的魚類和河畔沼澤中的鳥類也是受歡迎肉品。一般農民常會在尼羅河氾濫之後打打獵、捉捉魚，免費的打一場牙祭（而貴族則視為娛樂）。如果收穫豐富的話，還能拿到市場上交換些東西。談到市場，埃及的市場上有一個特殊的職業——小偷，其實小偷不只古埃及才有，不過大概只有埃及的小偷才要「報稅」吧！當然有小偷想必有「警察」吧，可是誰也想不到埃及的警察竟然是猴子，他們古埃及不但訓練猴子抓賊，也教導猴子採收椰子。（聽老一輩的人說：從前大陸上有人訓練猴子收割稻穀）

■ 衣　　女子魚網裝之內一絲不掛……。

↑ 魚網裝

有人說：「女人的衣櫃裡永遠少了一件」，而埃及的女人的衣櫥裡永遠只有一件！我的意思是說只有一種款式——白色連身長窄裙，在比較正式的場合裡加一件外套，這樣就說完千百年來埃及女人的衣著款式。其實，古埃及的女子另有一款少見的「魚網裝」（金縷衣）這款服裝在第四王朝時即已出現，也許現代還沒幾個人敢穿它，因為在魚網裝之下是一絲不掛的（平常的連身裙也是半透明的）。男人呢？他們衣著的變化非常的緩慢，從史前到新王國時

代，男人的衣著或長或短，或者摺疊出不同的花紋，或者透明不透明，但都是亞麻布製成的。好玩的是，他們非常重視自己的「寶貝」，除了發明內褲之外，平常還有「護套」呢！所以印象中一天到晚穿條短裙到處跑的他們，其實裙中另有風光。

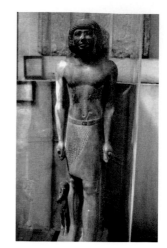

↑ 男人的衣著

埃及的衣服很簡單，但是埃及的飾品與化妝品卻異常的繁複，現代社會中的各式各樣的化妝品，在法老時代就出現了，而飾品種類之多，卻是現代社會中所比不上的。什麼戒指、手鐲、項鍊、耳環、頭飾等等不稀奇，胸飾、臂飾、腳飾等就少見了吧？而且埃及古代的雕工之美， 拿到現代都毫不遜色。埃及的化妝品更是獨步古代西亞地區！不只仕女們使用各項化妝品，連男人都有各樣的美容聖品。香水、口紅、粉品、指甲油、甚至連護膚油都有，尤其是眼線筆與眼睫膏更是古代埃及女人的標誌。由化妝衍生出的各種工具，例如：鏡子、梳子、粉盒、髮針等等莫不齊備。從古至今，埃及的香水舉世聞名，現代當地的商人相信，目前市面上有名香水還是剽竊了他們的古代秘方。

↑ 鏡子

不過，古埃及的女人使用香水的方法跟現代不同，他們將香料與蜜蠟調合成一個香料錐，然後頂在頭頂上，當香料錐慢慢溶化流下時，就等於搽了香水在身上一樣。講到頭頂，埃及有一個奇怪的風俗，就是除了小孩外，不

↑ 頭戴假髮的埃及貴族

↓ 保險套

論男女一律將頭髮剃得精光，然後戴上假髮。假髮的長度與社會地位成正比，地位愈高的人，他的頭髮愈長。想知道用什麼做假髮的材料嗎？用剃下的真髮！或者用羊毛。因為埃及人非常講究衛生，他們認為身上的毛髮容易招來不潔，而且毛髮是未開化的象徵（因此西亞地區的濃郁毛髮，被埃及人視為蠻族）所以才剃除（有些時候，埃及的畫匠會在墓中畫上主人長鬍子，這是暗諷墓室主人是個不入流的蠻族人）。唯一例外的是小孩，或青少年。

雖然他們的頭頂也是光溜溜的，不過他們會留下一邊側面的頭髮（大約在耳上左右），稱之為 sidelock of youth。但他們成年之後就會剃除。

剛才說到古埃及人非常愛乾淨，怎麼說呢？他們不但常洗澡（各位也許不知道「肥皂」是埃及人以動物性脂肪加上木灰而發明出來的），而且很早就有「內褲」的物品，更令人驚訝的是三千年前埃及人居然就有避孕的觀念，男人已有「保險套」，女人也有避孕藥了，只不過避孕藥不是用吃的，而是用灌進去的（成分是鱷魚糞便和蜂蜜）。

住　皇宮大殿僅比家中客廳 大一點……

　　如果你能夠乘坐時光機回到古代埃及的話，打死你恐怕都不會相信，威懾西亞的埃及帝國皇宮，居然會非常非常簡單！事實上，埃及皇宮僅用泥磚砌成，抹上一層白堊土，再畫上壁畫而已。因為習慣上，一代法老使用一座皇宮，除非使用超過 30 年。舉個例子而言：在路克索西岸，「哈布神殿」旁，有一個法老王的行宮，接見朝臣與外使的大殿，應該是展現出國威的地方，但它卻比咱們家中客廳大一點點而已。拿埃及的皇宮與波斯皇宮（珀塞波利斯 persepolis）真的簡陋許多。

　　看起來古埃及人似乎對住、在質料上似乎不太講究的樣子，不但是皇宮，連一般民房都是用「泥磚」建造的。不過他們卻很重視品味享受，十分注重生活品質。我們從出土的壁畫上發現，貴族的屋舍中必會有大型水池，並且在水池中種殖許多的植物，如此不但美觀，也可以調節埃及乾燥的氣候。而且由樂師彈奏的音樂充塞其間，這樣的居住品質也難怪希羅多德會讚不絕口。

　　石造的房子不是沒有，那只有兩種人可以住，一個是神明，另一個則是死人。所以現在埃及土地上極難看到古代建築（除了石造的廟宇），圖中所示是帝王谷附近的德爾麥地那（Deir el-Medineh）遺址，這個村鎮的所有成員都是建築陵墓的工匠，各位可以發現，每間房子都非常狹窄，而且彼此緊鄰。每一個家庭的大門，均對著唯一的對外道路，而且村落有周圍有圍牆，之所以如此建築，可能為了容易監視、掌握工人們的行動吧。我們從這個遺跡可以發現一個有趣的現象，家家戶戶有一個特殊的「假門」，古埃及人相信神靈就是籍由這個「假門」來去現實世界，眷顧他們。

↑ 假門

古埃及人很早就有採石場的場所，最大的一個採石場是位於沙漠中的瓦迪哈馬馬特（Wadi Hamamat），其他在尼羅河旁（便於水運）。在鐵器時代來臨前，古埃及如何採取石材呢？其實面對不同的石材，擁有不同的採取方法。如果是比較軟的石灰岩，他們就直接以銅鑿和木槌取出。鎬、鑿、石錘用來開鑿比較硬的片麻岩、閃長石。但在面對最堅硬的玄武岩、花崗岩

↑ 壁畫製作過程

他們運用了簡單而有效的物理法則。首先在欲採的石床上用顏色畫出石材大小，然後沿線挖出淺溝，在淺溝上打上無數的小洞，再插入木樁，纏上布後澆水使得木頭膨脹，借助脹力使得岩石沿溝裂開，最後用銅起起下，加以打磨整修等等後續工作。

講到埃及墓室的壁畫（文飾壁），可說是舉世聞名的，百年前就為歐美收藏家爭相收藏。埃及文飾壁不但獨具特色，而且現在是考古的重要資料！從圖中我們可以看出文飾壁的製作過程。首先以紅筆打底稿、繼以黑筆細描、再請雕工慢琢、最後加上顏色。

■ 行   運輸靠尼羅河。

古埃及人民生活的區域成狹長的形態，分佈在尼羅河的兩側，因此水運的交通比陸運發達。而且南來北往都非常便利，北上時，只要收起帆順流即可，南下時，張開帆布，地中海風就可送你到目的地了。所以在象形文字中，一個張帆的船，代表南；收帆的船代表北。埃及的船運應該發展得很早，在建造金字塔時，重達三、四噸的石頭即是由船隻從上游運至現地。但是據說埃及航運最發達的年代是十八王朝的哈特謝普蘇特（Hatsheput Queen）女王時期。女王的船隻不但曾航行在紅海，遠至衣索比亞；埃及最大的兩根方尖碑，也是女王用一艘大艦載回卡納克大神廟內。（不過考古學者不認為古埃及的船隻有 600 噸的載量）

雖然咱們看不到女王的巨艦，但是第四王朝的「太陽船」還是可以一觀。這個 4500 年前的古物，與大金塔是同一時期的產物。「第一太陽船」現在已經開放供人參觀，但「第二太陽船」依然在地底下，保持著原狀。「第一

太陽船」是 1954 年發現的（全長 145 呎），它的用料非常考究，完全是由黎巴嫩的香柏木打造而成。經過實驗證明，它甚至可以在海上航行，可是它卻從來沒有下過水，完全僅具宗教意義而已（法老王乘此航向天際）這項意義一直延伸到法老時期結束。古代祭司就是扛著一艘「聖舟」遊行迎神，就是象徵神明由仙境「過渡」到人間。

　　木材做的船在埃及非常昂貴，所以一般的人民是由「紙草」編成。這種船可大可小，小船可以隨身攜帶，在尼羅河氾濫期過後，人們帶著小船在沼澤享受一下漁獵的樂趣。

↑ 聖牛

　　在埃及的陸地上，「做牛做馬」這句話可不是勞苦的代名詞。牛在埃及是一種聖物，一隻被選定的聖牛，是代表著太陽神在人間的體現，真是生極榮寵，死盡哀憐！在孟菲斯地區，有一座聖牛墓窖，就是埋藏了千年來歷代的聖牛，非常值得一觀。馬到埃及效勞的時間比較晚，它是十四王朝時，西克索人征服埃及的武器之一。在十八王朝之後，馬匹才開始活躍於尼羅河谷，但是卻視為一種戰爭物資，不會使用在日常所需的勞動力上。真正的勞力是驢子，它幾千年來都是主要的運輸主力。埃及人在古王國時期就使用驢子，但是古代似乎沒有驢車，而是直接放在身上馱行。至於駱駝這號動物，雖然埃及很早就知道它，但一直只是當成珍禽異獸看待，直到西元前 700 年左右才成為一種勞動力，可是並不普遍。

　　各位或許會問，法老或貴族們出門時用什麼交通工具？在埃及人知道使用馬車之前，貴族們外出時，通常坐在抬椅上，讓人抬出去。位於人人之上，會使他們產生優越感，所以抬椅本身沒有遮陽的設施，好讓人羨慕嫉妒，因

此還必須由僕人另持陽傘或扇子在旁（鴕鳥羽扇象徵太陽，是法老專用的扇子，除他之外其他人不可擅用）。當然埃及也有鞋子，清一色都是涼鞋，只不過埃及涼鞋都是「香奈爾」之流（貴得要死），一般人看看就好了。

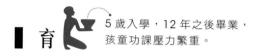

■ 育 5 歲入學，12 年之後畢業，
孩童功課壓力繁重。

以前的歐州人認為生長在埃及的小孩子最幸福！整天無憂無慮、光著屁股跑來跑去，而且隨便養，隨便大，是個兒童天堂。事實上，我們可以看到古埃及的律法，就有對兒童的保護條文：任意殺嬰者的犯人要抱持孩子屍體，站立三天三夜。但事實上生長在埃及的小孩也沒那麼輕鬆……。

有能力負擔教育費的家庭，小孩 5 歲時就開始入學，12 年之後畢業，然後視能力任職政府官員，或者至神廟中當祭司。在這 12 年中，小孩的功課壓力並不輕鬆。舉例而言：「象形文字」的文體並不統一，光是「表音字元」的 A 就有 511 種書寫體，換作現代小孩誰受得了？但是他們必須將之熟悉得如第二生命！此外，天文學、幾何、算術、歷史及各式公文、紀錄格式等等，都在時間之內學習完畢，這還不包括預計成為外交員的外語課程。學生稍有怠惰，教師即以鞭責等處罰學生，所以埃及的兒童絕不是像當年希羅多德形容一般：隨便養隨便大。

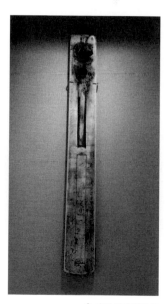

↑ 古埃及書寫用具

象形文字（Hieroglyph）： 又稱為菲萊文

↑ 象形文字

字（因為菲萊島上的文字最精美）。它是希臘文的「神聖」（hieros）與「雕刻」（glupho）所組成，所以象形文字有「神聖的雕刻」的含義。在埃及統一之前就已經在尼羅河谷通行了。不過它的構造太過於精緻，所以雖然美觀但不利於快速大量的書寫，因此第五王朝時有簡易的祭司文體 Hieratic 產生。之後在西元前 700 年左右，還有更便利的世俗文體 Demotikos 出現。這三種書體同時在埃及土地上流行，但各有各的職場。象形文字通常出現在正式、莊嚴的場所，例如神廟、陵墓、碑文等。祭司文體則用於公文、或宗教文章上。世俗文體就是日常生活紀錄性的章節。最後在托勒密王朝時代，希臘文與埃及文相互融合，產生一種新的文字，稱之為科普特（Copt）文。科普特文直到西元 640 年，阿拉伯世界統治埃及之前，是當地主要的文體。之後就成了阿拉伯文的天下了。

紙草紙：是由一種叫做紙莎草（papyrus）的植物製成的紙張。其實紙莎草的功能不僅造紙，還可製成籃子、衣襪、繩子、甚至能夠造船！最遲在第一王朝時，埃及人就開始使用紙草紙，採收之後的紙莎草，先去皮、然後削成薄片。橫的擺一層，上面豎的再擺一層，加上一塊布，用木錘將彼此的液汁敲擊出來，使其粘合，最後晾乾後再修邊就完成了。在西元三世紀「牛皮紙」發明之前，紙草紙是整個西方世界主要的書寫工具，為人類文明保留許多珍貴的文獻，教廷直到 11 世紀還以它為正式文獻材料，而它本身至今尚流行於埃及的土地上，但只是賺錢的工具而已。

↑ 紙莎草船　　　　　　　　　　　　　↑ 紙草紙

樂 鹿鼎記中的骰子

　　古代埃及人相信有一位哈陶
爾女神，她是太陽神拉的武器。
哈陶爾女神非常容易狂怒！尤其
是在每年的最後 5 天更是容易暴
怒！每當她憤怒時，世間就會產
生重大的災禍，因此，世間需要
時時充滿愉悅的聲音，來安撫女
神的脾氣。

↑ 埃及的樂師

　　為此埃及人發展出許多的樂器，例如「鈸」、「洞簫」，還有「豎琴」（聽
說彈奏豎琴的，不是女人就是瞎眼的男人）、「搖鈴」、「手鼓」，如果拍

手拍痛了？別怕，有「拍手器」幫你打節拍。有音樂當然少不了舞者的婆娑起舞（埃及肚皮舞孃至今舉世聞名）。看膩了舞蹈的場面，觀賞一下「武舞」也頗具新鮮。如果各位看過「神鬼傳奇2」的話，對兩位女主角在古代對決的場面記憶深刻吧，那就是「武舞」。

埃及音樂不但常在宴席上演奏，在宗教儀式進行時更是不可缺的一角，可惜埃及的音樂沒有樂譜留下，無法重現千年的樂聲，但是有兩位歌王的名字流傳於世，Snefrunofr 和 Re'mery-ptah。以及歌詞留下，節錄其中一首可唱的情詩以饗各位：「我跳進河水，勇敢的面對濤浪，在深水中我的心堅強無比，恐怖的鱷魚在我看來好像老鼠，腳踏洪水如同陸地，這是因為她的愛給了我力量。」

玩具在埃及也非常發達，我所指的不只是小孩的玩物。如果你是「金庸迷」的話，「鹿鼎記」中提到古埃及的「骰子」是真實的，但是樣子不是現在的六面顆粒狀，而是一根短棒。這個「骰子」是埃及遊戲盤進行的動力，從圖坦卡門墓中出土的遊戲方式有六種之多，應該都是以「骰子」進行吧。其中「賽尼特棋」最常出現於墓室壁畫中，還有「蛇棋」等等，可惜玩法已經失傳。至於孩童的玩具也比想象中豐富，除了常見彩色的「木球」外還有「陀螺」，帶輪子的小車，以及許多動物造型的木偶或皮偶，有些玩具還可以咬合呢。

註　十八王朝的圖特摩斯三世時，由於達到全埃及時期的頂峰時期，大量的金銀輸入埃及，逐漸形成以「金屬重量」做為經濟的制度。一塊標準重量的金子（這個標準重量稱之為「德奔」——約合91公克），可以換兩塊相同量的銀子；一塊（德奔）銀子可以換一百塊的銅（1：2：100）。一個德奔可以再下分為十個更小單位，稱為「凱克」（kite）。一個德奔的銅可以買到5塊麵包，由此可知古埃及的物價了吧？

無限的權威者——
法老王

法老王統治所有太陽照耀的土地,世界上有不服從法老王的
人,就代表與所有神、人為敵。

誇張嗎？至少古埃及人這麼認為他們的國王！他們認為身為「太陽之子」就理所當然的無所不知、無所不能，就像太陽下沒有秘密一般。但是奇怪的是他們一直沒有統一的名稱來尊稱他們的「神人」。在 pharaoh 一詞之前他們稱為 pero（或 peraa），直到二十二王朝時（約當中國的西周時期）希伯來人才稱埃及的國王為 pharaoh，「法老」一詞才成為正式名稱。而這兩個字，原義是指「居住在大房子裏的人」，藉此隱喻「至高無上的統治者」。就像中國人稱「陛下」一樣。「陛下」的原義本來是指「使喚台階下的人」一樣。

■ 神權國家 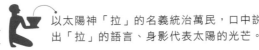 以太陽神「拉」的名義統治萬民，口中説出「拉」的語言、身影代表太陽的光芒。

　　早在古王國以前的史前時代，埃及人就有「首領」的制度。這個首領除了領導之外更重要的是：「與天神溝通；保持風調雨順；以及尼羅河的平穩氾濫」考古學家稱這時候的首領叫：「造雨王」（Rainmaking King）。造雨王的地位雖然尊崇，但也不是人幹的。除了責任重大，更是具有生命的威脅。因為要是哪天風不調、雨不順的話，造雨王就要被獻祭，到陰間當他的王了。

　　第五王朝時，烏塞爾夫王（Userkaf）開始以「太陽」為神

↑ 陽光所照耀的法老王（除了頭上的太陽外，鴕鳥羽扇也象徵太陽）

↑ 親吻土地

來崇拜。「拉」是眾神之神，至高無上的主！法老是「拉」在地面上的親生兒子，並以「拉」的名義「代為」統治萬民，法老的口說出「拉」的語言、他的身影代表太陽的光芒，在當時極端「神權」的國家社會中，法老王是唯一居住在地上的神，他是所有的重心！在埃及的土地上，他擁有絕對的權威與能力。他一方面是代表神在地上行使祂的權威，另一方面也擁有代表人民向天神祝禱企求的能力。當時的人民相信法老王具有控制天氣的基本能力，因此在埃及百姓非常崇敬法老，就是希望法老能以氣候為埃及帶來豐饒。

　　名義上，所有一切的一切都是法老的，包括房子、土地、甚至一棵樹、一塊磚都是屬於法老王的，他是大地上一切的主宰！任何人的生命財產都是他的，只是法老賜予他使用的，當然可以隨時收回（這只是理論而已）。舉一個例子而言：當製作「木乃伊」時，手術師要切開亡者的身體，這個舉動就侵犯了法老的權益（因為身體也屬於法老的財產），會受到詛咒。因此必須戴上阿努比斯的面具，表示代表阿努比斯神在施行手術，如此才不會受到詛咒，法老王的權威由此可見一斑。在歷史的紀錄中：有一位貴族獲得親吻法老王的腳之殊榮，興奮得當場昏過去（一般只能吻腳旁的土地，未經許可碰觸法老身體要處死）。在考古上，許多古埃及貴族的墓室牆中，常紀錄著法老曾經給他的信；這更是光榮的表記！法老王既然如此尊重，當然有許多特別的事物。

特殊權利 擁有多頂王冠，手持彎勾的牧業權杖與寓意農業的槤枷權杖。

↑ 頭戴上下埃及王冠的法老王

↑ 頭戴尼姆斯帽的法老王

　　至高無上的法老王，當然擁有許多特殊的權利。首先他有許多頂王冠，代表統治上埃及的「白王冠」及下埃及的「紅王冠」，二者結合就成了「雙王冠」（代表埃及全境的統治權）。「雙王冠」是正式的皇冠，平常的日子裡保存在某一特殊場所。「藍色的戰冠」則是戰爭時所戴著。另外有一項較少用且用途不明的「希姆希買特王冠」（Hemhemet Crown）。另外，我們時常在電影中看到法老王戴著「尼姆斯」帽子其實是錯的。「尼姆斯」是法老即位 30 年的紀念儀式中使用的禮器。這個儀式稱之為「塞特」（Set），代表法老王毀滅自己「人類」的身分；重新以初生的太陽神（Ra-Horakhti）的身分重生於人世！註1

　　「尼姆斯」的帽子上有二個頭飾，一個眼鏡蛇一個禿鷹。眼鏡蛇稱為「優拉阿斯」（uraeus），祂是北方的守護神，傳說如果有法老的敵人膽敢站

立在法老面前的話，祂將會無情地吐出火焰，殲滅敵人！禿鷹頭則代表南方守衛女神「奈赫貝持」（Nekhbet），這兩者象徵物就是表示法老是統治南北土地的王。帽後的長假髮，是象徵公牛強悍的能力 註2 。法老問政時，除了王冠之外，還需要戴上象徵智慧的假鬍子，這項傳統連一代女王──哈特謝普蘇特都無法免俗。另外法老一手持彎勾的權杖，象徵管理的權力（這原本是牧羊者的工具）。手持有槤枷（flail）象徵掌管生與死的權威（原本是一種打稻殼的農業工具，象徵生

▲ 真理權杖（左）

死輪迴的奧塞烈司）（槤枷也是一種「護身符」代表幸福）。至於時常出現一個王子，手持一個像刀子的那個東西，其實那是象徵真理的權杖。但如果出現在墓室裡的話，則是代表死者的純真。

以神子為名

「荷魯斯、兩地主宰、金荷魯斯、南北之王、拉神之子」等五名合稱。

　　法老的名字也很特別，有個正式的名稱，就是所謂的「五名合稱」（Protocole）：「荷魯斯（Horus）、兩地主宰（nebty 奈布提名，是上、下兩位埃及守護神的簡稱）、金荷魯斯（Hor-nebw 是天空神努特 -Nut 與荷魯斯的合稱）、南北之王、拉神之子」。所以眾所周知的「圖坦卡門」的正式稱呼應該是：「荷魯斯、兩地主宰、金荷魯斯、南北之王、拉神之子、內克浦如瑞（登基名）、圖坦卡門（出生名）（Tutankhamun、tut 是代表圖特──智慧之神、ankh 是代表生命、amun 是代表阿蒙）法老。如果是述以

文字書寫的話，最後兩個名字要加橢圓形「卡達旭」（Cartouche）外圈，一方面以象徵保護法老本身的魔力[註3]；另一方面，象徵法老對「太陽所環繞的萬物」具備的支配權力。

　　法老王在人民的心目中是上天入地，無所不能的！在軍隊中他是震懾諸邦的統帥，在政治上他是睿智的英主，在宗教裡他是惟一可以與神直接溝通的「神人」，在司法上他更是正義的持有者。這種應該是神才能做的事，不幸卻由人來擔任。

註1　「人形棺」做成「尼姆斯」的樣子，就是代表「死亡是重生的開始」。很多法老石像不是也被刻成戴那個帽子嗎？那是因為埃及人相信：「不管雕刻品或美術品，可以透過宗教儀式，在另一世界中成真。」
　　　所以我們才永遠見不到90多歲的拉姆西斯二世的雕刻品樣子；否則他在另一世界老態龍鍾的多不方便啊！也就是現世的雕刻會成為天堂內的肉體，因此不會有殘障、老病的雕刻品出現。因此雕刻品或美術品可以被雕繪成戴「尼姆斯帽」，代表石材的結束，肉體的開始。
註2　「圖坦卡門面具」背後的象形文字是描寫這位法老：有多受眾神的喜愛，以及本身長得多麼俊美……。
註3　「卡達旭」（Cartouche）是法國人對此的誤稱，一直誤到今日。原意是「彈殼」，真正名稱應該叫做Shenu。

20

法老王的力量——
古埃及軍事

法老王威懾的名聲來自勇猛的士兵，勇猛的士兵則來自高昂的
士氣！古埃及的士兵不僅在戰場上令敵人膽寒，在國內的身分
地位也令人崇敬。

↑ 法老戰士

古埃及法老王的名字，曾經讓多少中東地區的國王聞之喪膽！亞述、西台、巴比倫這些歷史上赫赫有名的軍事古國，更是一度不願聽到這個名字。法老王所依靠的，正是埃及所向無敵的「虎賁」奮起！

▌步兵

在此旗幟之下，你們必勝！

　　古埃及地區自古以來就因尼羅河定期氾濫，天然的對農地施肥，而使得農業耕作非常輕鬆，所以節省出許多的人力。古埃及也許沒有兩河流域的人口多，但可提供的武力不見得少。在古、中王國時期的埃及士兵沒有穿戴厚重的鎧甲，他們比較重視在戰爭進行時，動作的輕巧與快速，武裝方面也只有簡單的弓箭、長槍、斧、以及像狼牙棒（但沒有釘）之類的器具。西元前 1600 年左右，當時埃及的第十四王朝陷入內亂，使得原本寄居三角洲邊緣的亞洲遊牧民族——西克索人（Hyksos）有了可乘之機。

　　他們引用亞洲的新式武裝與戰術，迅速地擊敗埃及軍隊，成為尼羅河谷的主人。埃及人雖然遭受到亡國之痛，但是能學習到西克索人的優點，在西元前 1500 年左右光復了埃及全境，此時也正是第十八、十九王朝的時代。這兩個時代長達 362 年（西元前 1554 ～ 1192 年）是埃及法老王的力量達到頂峰的年代。中東地區以及埃及周邊國家莫不紛紛來朝。法老王所憑藉的正是所向無敵的軍隊！此時的埃及軍部隊不但攻守的武裝齊備，而且戰術新

早期的埃及軍隊

穎、有著良好的後勤制度，這對維繫強大的埃及軍隊非常重要。

　　步兵一向是戰場的主宰，一直到現代，步兵的地位仍無法取代，有「戰場皇后」的雅稱。不論後世的飛機、火炮、甚至核子武器的產生，步兵永遠是最後決定戰果的力量！古埃及的步兵都要接受嚴格的訓練，他們不但要接受陸戰的訓練、有時更可以上戰艦打海戰（如現代的海軍陸戰隊）！特別的是：埃及軍人很早就有軍旗的制度。羅馬軍人後來將軍旗視為「軍隊的靈魂」，一軍之旗如果被奪，將是全軍的恥辱！所以羅馬指揮官常在軍情危急時，將軍旗投入敵陣中，藉以激勵士氣。

防衛　　不動如山的盾牌

　　軍旗制度的好處不但可以使部隊在軍旗之下排列成嚴謹隊形，保持行動

↑ 圖坦卡門──輕型盾

↑ 重形盾

一致。更重要的是，指揮官可以根據旗幟情況，迅速判斷我方位置及戰況如何。這極便於將領的指揮調度，能夠更快的反應戰場情況！所以軍旗制度的存在，是古埃及百戰百勝很重要的秘訣。另一方面，軍旗也是指揮官運用兵力的度量衡：他們大約以 50 名戰士組成一個單位方陣（phalanx），並且根據任務性質的不同，強化不同的武器裝備，有專門攻擊的精銳部隊、也有專司防務的守禦部隊、更有遊擊並且伺機實施穿插戰術的戰車部隊。

總之埃及的部隊在戰場上，經由嚴肅的組織成為一支鋼鐵隊伍。防衛時彼此靠攏，以盾牌成為一道道長城！攻擊時各個方陣快速前進，宛若大型戰車一般，將敵人防線分割輾碎。這種有效的攻防組織，常使得敵人寧肯逃跑也不願與之對抗！這當然還得歸功於埃及人優越的武裝，才能達到戰術的需求。

在防護武裝方面，主要以盾為主：又分為兩種，一種「輕形盾」，大概半人高，上圓下方，假以木材做為主要材料，外覆公牛皮或豹皮等等，有時會用金屬片增加邊緣的強度，並且釘滿鋼釘；另一種大型

盾，成長條狀，頂部成尖形。這種大型盾大到能夠把保護住整個身體，是方陣集結成盾牆時使用。

與防護武裝相比，埃及部隊的攻擊武器就多采多姿了，尤其是月刀（khepesh）這種源自亞洲的武器，更是埃及部隊的代表。無論輕、重步兵，或是戰車上的埃及士兵，都經常的使用它。對

▲ 手執輕型盾和月刀的士兵

武器有興趣的朋友都知道，弧形武器比直形武器在揮動時更具殺傷面積，及更符合力學、省力！古埃及的月刀可能是世上最早成形的弧形武器之一，也大量為埃及前鋒攻擊部隊愛用！

▌進攻　侵略如火的兵器

還有戰斧！斧的存在很早，在石器時代開始，就是人類的生產工具之一。「斧」這個字的意思是「甫」，有「開始」的含義，是人類在石器時代，最早使用的工具之一。斧做為武器時更是一種擁有強大攻擊力的冷兵器，在古時的戰場上經常見到它的存在，埃及人更是不會缺少了它的效力。他們擁有精緻的青銅戰斧，也有攻擊效率高的長斧。在中國而說，斧成為禮器的時間較長（如鉞），在戰場的時間較短，使用的黃金時期就是在宋朝了。宋朝時

為了能迅速有效地對付金人大量的重裝甲騎兵（鐵浮圖，如中古時期的鐵甲騎兵），而使斧重現沙場，再展神威！金軍元帥完顏兀朮曾說：「宋軍武器之中，最好、最厲害的是『神臂弓』，其次是大斧，除此之外，就沒有什麼可怕的兵器了。」可見戰斧在埃及部隊中盛行，不是沒有道理的。

埃及的攻擊武器當然不只上述這些，還有劍、矛、雙面標槍、迴旋棒、曲形棍和弓箭等，都各具特色。以一把收藏於德國——佩里宙斯博物館的柳葉形青銅刀刃為例，在中心葉脈部分可能是天然的金銀合金，三枚卯釘將刀刃固定於青銅製的雙叉握把舌片上，刀鋒和刀柄則是用一根卯釘固定住。刀鋒可能是用河馬牙齒做成，是距今 3700 年的傑作。不曉得此把劍的作者是否有心用兩種硬度不同的質料做出此劍？

中國春秋時代吳越之劍馳名宇內，其秘訣就是以錫、鉛的比例不同先練出硬度不同的青銅，再將較軟的青銅做劍心，較硬的青銅做劍刃，如此一來

較軟的劍心在攻擊時能夠吸收對方的力道，而保持劍身的完整。如果此劍有相同的概念，可比中國更早了。眾所周知，迴旋棒是澳洲土著的武器，但是在三千五百年前的圖坦卡門墓中居然有迴旋棒的存在，後續也發現埃及人以迴旋棒獵鴨的壁畫，由此可見古埃及人比較早使用這種器具。

▍遠擊　箭雨遮天的弓箭

　　古埃及的弓箭手是一個群特別的部分，因為他們大部分是努比亞人，而非埃及人，並且他們經常擔任最前線的任務（古埃及時常驅使外族部隊為先鋒）。這是因為努比亞的弓很有名，有「弓之地」的雅稱。他們的弓箭也是很特別，外形跟日本的弓或者英法百年戰爭時間的英國長弓很相近，幾乎是

直的。它的弦固定在兩端突出的角形部分上，也穿入兩端的溝槽裡。通常為五至五尺半長，弓身是圓的，兩端逐漸彎細。上面或下面附一塊皮或木頭，以增加牢度和彈性。

埃及的弓箭手在射擊時，已知道在左手戴上一件防護裝置，以免被弦弄傷。弓弦一般是用羊腸製成的，特別的牢靠，有時戰車上的弓箭手可以用它套住敵人，然後用劍殺死。箭頭有的是硬木製的，或是金屬製的，從 22 到 24 英寸不等。長矛桿是木頭製的，長約 5～6 英尺。矛頭一般是黃銅或是鐵的，有兩面刃。矛頭尾部插入桿中，再用釘子固定。古埃及人也有「標槍」的存在，葉形，或平的。跟希臘人比較起來，希臘人不喜歡使用弓箭，認為那是懦夫的行為，他們比較喜歡標槍當然比長矛輕且短，槍頭有呈拉長的菱形，或樹槍。臨戰時，希臘標槍手攜帶輕重二支標槍，衝鋒的時候，先統一擲出輕型標槍，再以重型槍拚戰。投石器也是一種有趣的兵器，想當年以色列的大衛就是以它擊敗巨人哥利亞的。它是一段皮繩或辮狀弦，中間較寬，一端有環，另一端是甩鞭，以石頭當子彈般的射出，在滿地小石子的戰場上這種武器倒也方便（不用擔心彈盡）。古埃及的匕首通常是貴族的專利品，非常的精緻，把手鑲嵌著寶石或貴重金屬，刀身有 7 至 10 英寸長，上寬下窄。十八王朝（商中後期）的年輕法老──圖坦卡門墓中就發現過一把。

◀ 投石器

遊擊

迅猛如電的戰車

如前所述，古埃及的部隊有多式武裝，有的能攻，有的能守，有的適合遠程投射，有的能近身肉搏，這些都能因應戰術需求而加以變化運用。埃及的武裝一直都吸收著戰場經驗而改良精進，而使埃及部隊保持著百戰百勝，其中有些武器還影響到後世的希臘、羅馬。

最後介紹埃及最具震撼力的武裝，那就是──戰車！埃及的戰車由於保存不易，所以只有圖坦卡門 62 號墓中的數輛保持完整。在埃及博物館，圖坦卡門特展中我們可以看出，它用柳木以細工做成正面延伸至兩側，薄木板做成它的底部；正面還架有一根輕巧的橫木，其他重要的部分包裹著金屬。由上述可見埃及戰車它的堅固、輕便、富有彈性的優點。再加以兩匹駿馬產生動力，讓載重率遠小於動力而使戰車異常的快速，而且值得注意的是它的車軸定於車尾底部，這個位置比車軸定於車中更容易操縱、更容易轉變方向面。比較起中國商周時期的古戰車，因為戰車車軸居中，所以重心較高再加上以四匹馬為動力，這些皆需要駕馭者更深的技巧，換言之增加操作上的困難。

戰車上還有一層皮墊，能有效緩衝行進時的顛簸，提供戰士平穩的攻擊平台。車上載有二名乘者，一名駕馭手，另一名則是弓箭手或手持其他武器的戰士。埃及的戰車部隊以 25 輛組成一團，一樣是有軍旗為其先導。我們從壁畫上推測，埃及的戰車隊應該是獨立作戰，不與其他軍種混合，他們或者以弓箭干擾敵軍陣形，或者直接衝入敵軍陣中砍殺，打亂敵軍隊伍，以利後續步兵的攻擊。但在我國春秋戰國時代的戰車運用方式就不一樣了，戰車是與步兵混合作戰的（跟隨士兵多少？目前學界無定數，從 72 人至 12 人說

法都有）。總之埃及戰車的存在可以彌補步兵的機動力的不足。

↑ 要塞

▋難知如陰陽

要塞堡壘

要塞是防衛體系最龐大的武備。埃及的要塞，裡面不單是駐紮屯兵，而且有市場與商人等，因此它不單是軍事設施，更是經濟交流中心。要塞的任務除了保護殖民地，更是過濾前往埃及本土的商人，或是直接在堡內交易。因此它的存在，使得埃及的人民在國外的土地上受到保護，更經由經濟交流豐富國內的物品。以位於努比亞（今日的蘇丹境內）的「布亨堡」遺蹟為例：堡壘是用泥磚砌成，高九公尺，並以塔樓加以強固防禦能力。城牆之前有一道肩牆，肩牆還加置胸牆的保衛，胸牆擁有不同的角度射口，可攻擊更接近堡壘的敵人，胸牆外有一條壕溝，增加攻城的困難度。就當時而言，埃及的堡壘防衛是最進步的。

法老王威懾的名聲來自勇猛的士兵，勇猛的士兵則來自高昂的士氣！埃及的士兵不僅在戰場上令敵人膽寒……在國內的身分地位也為人崇敬。軍人是平民提高身分的捷徑，在十八王朝時甚至有平民在軍中努力到擁有自己的神廟。軍人在國內的身分僅次於法老與祭司之下，也是貴族的一階。平時司法單位不可以隨便逮捕軍人，對於英勇的戰士，法老王將頒給「金蒼蠅」的領章，以獎勵他「刺殺」了敵人。史料記載埃及的軍人薪水也相當豐富：每人每天供給五條麵包、兩塊牛肉和四罐酒（埃及沒有貨幣全都以物易物）。埃及的士兵既是貴族的一階，那擁有土地也是理所當然的，政府也配給士兵

每人 12「阿勒爾」的土地（相當於八英畝），並且可能由戰爭中獲得戰俘，做為奴隸。奴隸除了替主人耕作上述土地外，當然也可視為財產的一部分。由以上的紀錄可知，埃及人是多重視軍人這一階，更由於他們擁有土地，因此保衛埃及就是保衛自己的權利。他們是第一線，也是終極防線，當然在戰爭中會更奮不顧身！

▌動如雷震 「埃及的拿破崙」圖特摩斯三世

「法老」在人民的心目中，他是上天入地無所不能的神人！當然包含了三軍統帥這一項了。這一方面，筆者較為推崇一位十八王朝的法老——圖特摩斯三世（Thotmose III）（西元前 2040~1640 年），以名聲而言，可換算成中國的大漢武帝——劉徹（只是武帝沒上過戰場，而圖特摩斯卻經常身先士卒）。

圖特摩斯三世與埃及的第一女王——哈特謝普蘇特（Hatshepsut）是同時存在著。哈特謝普蘇特算是他的大媽吧（圖特摩斯三世是圖特摩斯二世與其他妃子所生，而哈特謝普蘇特則是二世的王后）。圖特摩斯二世因病早逝後（西元前 1479 年），三世尚小，由哈特謝普蘇特代為執政，後來上癮了乾脆自立法老。後世寫小說的人常會下筆這麼寫著：「哈特謝普蘇特藉著自己的丈夫——圖特摩斯二世的無能把握政權，而將唯一合法的繼承者送上戰場，希望由戰爭的發生而除去圖特摩斯三世。但是沒想到沙場的磨練使他成為更偉大的男子漢！」[註] 但站在歷史的角度而言，哈特謝普蘇特女王大大的穩固了埃及的內政，而圖特摩斯三世則成為戰爭英雄。

三世的確自小生存在軍隊中，是軍人養大了他，但他也吸收了軍政的一

切，管理一個軍隊可不比一個國家簡單多少。身為統帥要管的可不只如何殺人而已，人事的安排、升遷？糧食的儲存、管理？部隊的行動、佈局？凡此種種圖特摩斯三世皆需學習到，也學習到如何治理一個小型國家。

西元前 1425 年圖特摩斯三世正式即位法老，開始最為人稱道的，親征十七次（一說十六次），並且獲得全勝的紀錄，他是全埃及歷史上最偉大的軍事強人！不但是一名猛將，更是一名智將。埃及境內有一座卡納克大神殿，裡面有一個「宴客廳」，廳中都是銘刻三世從國外征討來的物品。三世著名戰役例如「雅法戰役」。

在「雅法戰役」中，圖特摩斯三世圍攻巴勒斯坦的「雅法城」，但是久攻不下……於是他安排手下一員大將——圖梯向敵人詐降，並且倒戈攻擊埃及。圖梯為了示好雅法，運送了大量補給品予雅法城，雅法城民欣喜若狂，大開宴席預祝勝利的來臨。誰也沒想到補給品中深藏了二千精銳突擊部隊，埃及士兵躍出掩蔽物後，攻擊雅法城門，接應與城外同僚一舉攻克雅法城，佔領巴勒斯坦！這個故事可能是最早的「木馬屠城記」。

兵行詭道
圖特摩斯的戰場創意

另一場「米吉多戰役」（Megiddo），更是圖特摩斯三世的代表力作。那是圖特摩斯即位僅兩個月的事。敘利亞和巴勒斯坦地區以「迦疊什」為首聯盟，對埃及進行軍事叛變……圖特摩斯三世以疾風般的速度僅九天就陳兵西亞，但是圖特摩斯所面臨的是陣容強大的敵人，及地勢險峻、戰略要地的米吉多要塞。擺在他面前的是三條道路通往米吉多，其中一條雖為捷徑，但只能一人通過而已。圖特摩斯以二條理由力排眾議，堅決走此險地。一、大

部分人想得到，敵人也想得到，如果走上其他二條大道必遭敵人伏擊。二、因為兵貴神速，此路直通米吉多，比其他二條繞山的大道要近得多，而且可到敵人主力背後，攻其不備。

　　為了以上二條理由，當天黎明破曉時，圖特摩斯三世親自高舉「阿蒙」神的旗幟，走在隊伍的第一個，藉此激勵起無比的士氣！到了隘口出口，圖特摩斯回過身來依然舉著軍旗，站立在出口，引導後續士兵通過隘口。到了傍晚時，每一個士兵都安全通過了危地。當夜安營紮寨、一舒士兵疲勞，第二天直攻米吉多，敵人在措手不及之下一敗塗地，重新確立埃及對西亞的統治權。更精彩的是，他令西亞各國的王子入質埃及，一方面讓西亞各國不敢再起叛心，一方面他讓西亞各國王子接受埃及的教育，將來回國繼承王位時，由於在埃及所受的薰陶而對埃及充滿向心力，圖特摩斯三世此舉真是一舉兩得，不戰而屈人之兵。

　　圖特摩斯三世的開疆拓土帶來了埃及國勢的強盛，但也帶動神權國家的宗教興起，誰也想不到宗教的興起，反而產生另一場埃及的動盪危機……。

▲ 二十五王朝青銅大象戰車塑像

註　十八王朝的阿蒙荷特普一世（Amenhotep I），創立「父子共治」制度。國王主持政務，王子擔任最高軍事首長，這項制度的目的是避免政變的產生。

千古疑雲罩頂──

圖坦卡門

圖坦卡門是帝王谷中唯一存在原地的帝王遺體，靜靜地躺在時間的灰塵中，在世時名不見經傳且死因成謎，但身後卻是埃及國家的代表。

這個絢爛的黃金面具夠炫吧！它是古埃及偉大文明的代表性物品之一。據說，木乃伊面具，必須做得跟本人一模一樣。這個目的是為了讓靈魂歸來時供其辨認的，要不然每一個木乃伊都被層層亞麻布包裹，又都乾癟癟的，誰認識誰啊！不過話又說回來，如果本人真的如面具一般的面貌，或許有人會不甘心地說：「連三千年前的人都比我帥！」這件開羅博物館的鎮館之寶，長 54 公分、寬 39.3 公分、重達 11 公斤，使用了包含黃金、石英、綠松石、紅玉髓、黑曜石、天青石等貴重寶石製成。雖然它的樣子已成為世界標誌了，但仍然多數人叫不出它的名字，當然更少知道這個美麗面具下的悲哀經歷……。

■ 身世

原本應該是天之驕子的圖坦卡門，
卻深陷多方爭鬥之中。

內克浦如瑞——圖坦卡門（nkhesenamen —— Tutankhamun，西元前 1336 ～ 1327 年）生長在埃及史上最黃金的時刻，在當時的十八王朝不論是文治或武功，都已達到最頂峰的階段。現在埃及人談到十八王朝時的驕傲，就如同中國人說起漢唐時的心情！但是興盛的地方，也是腐敗的開始。當埃及的疆土日益擴大時，國內的宗教問題也日趨增大，祭司常常借著「神喻」來左右政治，甚至到了嚴重侵犯法老王權威的地步，於是阿肯那唐法老毅然實施宗教改革。就在西元前 1348 年，阿肯那唐採取一連串的新措施，開始改革，史稱：「特埃阿馬納（Tell el-Amarna）時代」

原名阿蒙荷特普四世（Tmenhotep IV）的阿肯那唐，在即位後的第五年，搬離了原本的首都底比斯，而來到距離底比斯 280 公里的北方，另建一個新都：Akhetaten（現代稱為特埃阿馬納）意思是：「阿頓的地平線」（太陽升起的地方）。在這個地方，阿肯那唐擺脫了埃及祭司的影響，更活化埃及藝術千年的僵化格式，最明顯的例子就是自我的塑像。以往埃及的法老塑像永遠只有或站或坐，或打擊敵人表現出王者的勇猛，極少出現其他形式。但阿肯那唐卻崇尚藝術家的自由創作，因此才出現了法老王與妻子兒女共同親密的畫面，這在埃及史上是空前絕後之舉。而且他也令工匠忠實地紀錄自己的面容身軀，毫不忌諱地將自己畸形的身體，流傳到後世。無論是雕塑、或其他藝術產品，阿肯那唐都尊重作者自由的創作。後世的學者認為：光憑這一點，阿肯那唐應該是最早的人文主義者。

▌遭到剷除的太陽之子

建立新的宗教，也是這個法老努力的目標：他廢除了傳統的多神教，倡立一神教。在這個新的宗教理論中，世界唯一的真神就是——阿頓！在當時的觀念中，要敬拜太陽神阿頓，不需要到神廟內，只要抬頭面向太陽即可。這個理論在當時就全世界而言，都無出其右者！在「特埃阿馬納」的神殿中也只有柱子，沒有圍牆與天花板，就是這個道理。可惜這個先驅的觀念沒有被埃及人接受，尤其是祭司階層的人，更是將這個損害舊自我利益的宗教斥為邪說，強烈的反對阿肯那唐。終於在即位十七年後阿肯那唐去世，死因成謎⋯⋯。

從阿肯那唐到圖坦卡門的二年之間，另有一位「那芙納芙阿頓」在位。

這位法老是男是女？是何身分？目前學術上尚無定論。圖坦卡門就是在這種動盪的時代中，以年僅9歲的年齡當上了法老王。至於他的身分也尚未定論，據推測可能是阿肯那唐的嬪妃——姬雅所生的庶子。

阿肯那唐、那芙納芙阿頓、圖坦卡門這三位法老，都是埃及古時極不願提及，甚至刻意剷除他們的紀錄。最明顯的例子就是圖坦卡門身亡後，僅30多年的塞提一世（Sety I）在阿比多斯（Abydos）地區，大興土木地建造了一座「塞提靈廟」（The mortuary Temple of Seti）裏面，一份由塞提一世所整理的「帝王世系表」中，詳細的排列了從開國之王——米尼茲王（Menes）至塞提一世本身的名字，就是沒有那三位君王的名字，可見當時就有人希望永遠不要提起他們。

▌遺忘的寶藏

圖坦卡門消失了三千多年之後，直到1892年，沒沒無聞的年輕畫家霍華德‧卡特（Howard Carter）受僱於英國一家研究機構，前往埃及整理蒙圖霍特普神廟（Mentouhotep）中的浮雕和銘文。他在工作中突然意識到，應該還有一位法老深藏於「帝王谷」中，從未曾發現！從此他便留在埃及近三十年的時間，來尋找那位無名君王。在其間，他曾經當過文物監察員、也曾落魄到街上為人畫像謀生。之後他得到過美國富翁西奧多‧戴維斯（Theodore Davis）的出資讓他發掘帝王谷。雖然也發現到阿謝普蘇王后（Hatshepsut Queen）和圖特摩斯四世（Thutmose）的墓穴，但是這兩座墓室已然被盜，一無所獲。因此大部分時間被人以為霍華德‧卡特是個騙子。

1903年，英國伯爵——卡爾納馮（George Carnarvon）在德國飆車而發

生嚴重車禍，使他成為殘廢而且胸部受到重傷，醫生建議他至埃及過冬，以避開使他呼吸不順的英國濃霧。養傷的卡爾納馮伯爵在埃及時，對埃及文物產生了濃厚的興趣。在埃及文物局的馬斯佩羅的介紹下，與霍華德‧卡特認識，於是兩人合作一同發掘「帝王谷」中遺忘的寶藏。

但是又 10 多年的時間過去……霍華德‧卡特只找到幾項東西：幾片黃金薄片、一個陶杯、幾個瓦瓶、和幾個黏土印章。這些從不同的地方挖掘出來的物件上，銘刻著圖坦卡門的名字。除了這些薄弱的證據外，連那位法老的一根頭髮也沒找到。霍華德‧卡特已到絕望邊緣……。

1922 年 11 月 4 日早上，一位工人將尖底水缸插入地下時，覺得地下有異物，無法順利插入，經過清理後發現一道通向地下的石梯底層有一堵封閉的牆，石膏牆面上，蓋著墓地守衛者和一個從沒聽過的法老名字的印章——內克浦如瑞‧圖坦卡門。卡特立即停止挖掘工作，以電報通知在英國的卡爾納馮：「谷裡終於有了驚人的發現，一座壯觀的墓穴。我已封好墓穴等您前來。謹致賀忱。」

▌重現人間

那位失落的君王正被四層貼金木槨，層層保護著。

11 月 23 日卡爾納馮伯爵到達，卡特與工作人員用兩天的時間，重新把一石梯和門清理出來，門後是一條斜坡狀通道，通道裡堆著滿滿的碎石。盡頭是另一道門，和第一道門一樣，以一堵牆封住，蓋有同樣的印章。26 日，碎石都清開了，卡特用顫抖的雙手，搬開第二個門口的幾塊石頭，從窟窿裡伸進一支蠟燭。起初墓穴裡的熱氣使燭光搖曳，隨後，顯現一些奇特的動物形象和雕像，到處金光閃爍。卡特呆住了，說不出一個字。卡爾納馮急得要

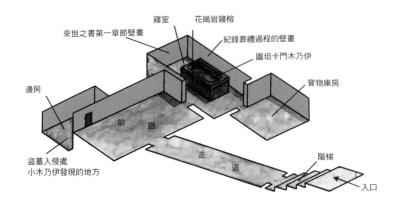

寢室　花崗岩寢棺
來世之書第一章節壁畫　　　紀錄葬禮過程的壁畫
圖坦卡門木乃伊
邊房　　　　　　　　　　　　　　　　寶物庫房
前　　廳
走　　道
階梯
盜墓入侵處
小木乃伊發現的地方
入口

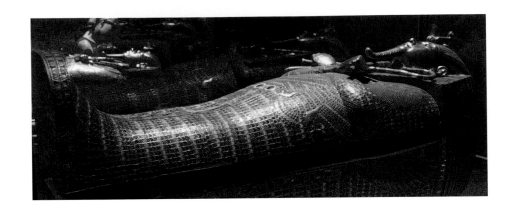

死地追問：「看到什麼東西了嗎？」失神的卡特卻有點答非所問地說：「是的！
是有些神奇的東西。」帝王谷 62 號陵墓（圖坦卡門之墓）是谷中規模最小
的陵墓，終於要重現人間了！

　　圖坦卡門之墓異常的小，根本不像一代君王的陵墓，但它確實塞滿了各
種物品：雕像、床、椅子、船的模型、車輛、武器、器皿、箱子和各式各樣
的小盒子等。挖掘者一件件小心的搬運四年之後，終於進入最後的墓室。

　　那位失落的君王正被四層貼金木槨 註1、套著一個粉紅色的石英岩寢棺

（含蓋）。石棺內再有三層人形內棺（二層貼金木棺，一層黃金棺）。在當時打開石棺時，霍華德‧卡特發現了一束枯萎的花束，他感傷的認為：那是圖坦卡門的妻子「安卡珊曼娜」獻上的最後祝福。他在筆記中寫到：「儘管這裡到處金光閃閃、舉目皆是皇家的豪華，但都比不上這枯萎的花美麗……3300 年的時間不過像昨天到明天一樣短暫。」在二層貼金木棺下是一個重達110.4 公斤的純金棺。純金棺上有一個繡有金花、亞麻質料的柩衣，另外由橄欖花和葉子編成的「釋罪花環」（justification wreath）註2 套在額頭上的蛇鷹像上 註3 。第三層內最後在一個精美的面具下，層層的亞麻布與護身符的守護中 註4 ，上下埃及、永恆之主、「內克浦如瑞──圖坦卡門」就在那裡。那一天是 1925 年 10 月 28 日。

▌ 命運之神的捉弄

圖坦卡門在地球上大概只存在了二十年，說實話對當時的埃及沒有任何影響（想不到三千年後埃及人靠他賺外匯），但他的祖父──阿孟霍特普三世（AmenhotepIII）可是埃及的軍事家，靠他的偉業，將埃及帶到了空前的盛世。西元前1336年的那一年，長得奇怪的阿肯那唐法老，在孤獨的首都「阿馬爾納」猝然駕崩！當時頑皮的命運之神，在東方及西方兩地，一起開了個玩笑，來考驗人心。

「不說你不知道」（台語），歷史上有許多有趣的巧合。像亞歷山大大帝與中國的「趙武靈王」是同期的，在中國那時是商朝第十九位「共主」，就是歷史教科書中的「武丁」在位；他與阿肯那唐、圖坦卡門等，是同時存活過在這個世界。「武丁」從他的父親「小乙」手中接下一個跟圖坦卡門

手上一樣的爛國家和腐敗政治體系，也同時為了要如何整頓國勢而傷透了腦筋。咱們先將鏡頭轉向遙遠的西方埃及……。

年僅九歲的圖坦卡門，在他父親「阿肯那唐」之後，對內由於之前的宗教改革而使得他們的國家分裂、諸侯離心。對外，埃及有小亞細亞、利比亞的入侵。而殷商武丁也是遭遇國家分裂、諸侯離心，以及對外「鬼方」的侵犯。更巧合的是……不曉得為什麼理由，他們倆相同地起用一個來自民間的布衣百姓，做為自己的首相，主持國家中興大計，他們就是中國的「傅說」與埃及的克赫帕爾克赫茹爾——愛（Kheperkheperure —— Ay）。

殷商武丁即位不久，雖然銳意改造自己的政治環境，但無奈力不從心。求才若渴的他有一天做了個夢，夢中指示他大賢者的現世……武丁依照夢中印象果然在一群做泥磚的工人中，發現了「傅說」，並且拜他為相。「傅說」也不負武丁期望，重振商的聲威，並且打敗了「鬼方」，使武丁成為課本中有名的「武丁中興」！

而「愛」呢？他為圖坦卡門做了什麼？關於「愛」的來歷，由於史料的缺乏，所以並不清楚。有些學者們猜測：美麗非凡的「奈費爾提蒂王后」（圖坦卡門名義上的母后），可能是他的女兒，所以「愛」可能以裙帶關係步上了首相之位。在阿肯那唐時期，「愛」的地位就非常尊貴，在「特埃阿馬納」地區，一個「愛」尚未使用的墓穴中，發現了他一連串的「抬頭職稱」——「神之父」、「在右方的持扇者」、「牛隻的管理者」等等，由此可見突然出現在政治舞臺的「愛」，他的地位崇高。尤其是第一個「抬頭職稱」就滿令考古學家疑慮爭論的。當然「愛」不可能是「那肯那唐」的父親，如果謎一般的法老「那芙納芙阿頓」，就是王后「奈費爾提蒂」的話，這個「神之父」的稱呼就可以考慮「愛」是「奈費爾提蒂」父親的說法，也於是有學者認為「愛」是「那肯那唐」的王后「奈費爾提蒂」的父親，如果真是這樣，那就

可以解釋一個平民當上大官，以及被稱為「神之父」和未來的所作所為了。

▌ 首相的陰謀

可惜的是「奈費爾提蒂」的肚皮不爭氣，一連六胎盡生女兒，一個皇位繼承人也沒有。西元前 1336 年，「阿肯那唐」駕崩，在位 2 年的「那芙納芙阿頓」也消失了（他沒有留下一幅畫面、一尊雕像）。年僅九歲、側室所生而且左腿小兒麻痺的圖坦卡

門以迎娶同父異母的姊妹——安卡姍娜曼的方式，取得繼位法老王的資格。而「愛」以首相的身分，代表年幼的法老發號施令。首先就是將「阿肯那唐」的宗教改革毀於一旦，盡數恢復了舊有的信仰，並且大修埃及固有的神廟。在外患方面，「愛」以大將荷列姆海普，奉圖坦卡門之名，象徵性的出兵征討小亞細亞、利比亞努比亞等以重振埃及的聲威。不管「愛」當時有意無意，他至少建立起自己的名聲。凡此種種，「愛」已經走到了萬人之上的地步，

沒有文獻或資料顯示圖坦卡門那時在幹什麼？他是如何看待「愛」這個人？我們只能從圖坦卡門墓中的發現，得知他與安卡姍曼娜，鶼鰈情深、如影隨形。即使到了三千年後的今日，仍然讓不少有情人動容！但奇怪的是如此恩愛的夫妻為何沒有小孩呢？其實在圖坦卡門墓中發現的兩個女嬰胚胎，包裹在三層小小的人形棺中，由於製作精美，因此有學者認為就是他倆的愛情結晶（目前這二個胚胎存放於埃及開羅的「凱瑟羅埃恩」醫院）。

但是也有的學者並不認同，他們以為：當時的埃及窮人由於準備不起豐富的陪葬品，常會偷偷將親人的屍身放入富人的墓穴中，以企求親人能在來世分享富人的財富（帝王谷中「賽提二世」墓中目前就有保持一具這樣的木乃伊）。那二具小木乃伊就是這樣出現的。要知道圖坦卡門之墓並非完全未盜。除了寢室之外、早已有樑上君子光臨過了（寶物被盜劫約 60％），只不過在他搬光墓中寶藏前，這座小墓被隔壁的「拉姆西斯六世」之墓的工程廢土所掩蓋。因此在這之前放進什麼東西，不是不可能的。至於真相如何？留給各位想像一吧！

▌死因成謎……

1960 年代，粗魯的英國解剖學家——哈里遜博士，將圖坦卡門的頭部木乃伊，拔出來以手提式 X 光機拍照，這張 X 光片成為圖坦卡門死因的討論重點。近代美國長島大學雅聞博士根據 X 光照片中指出：圖坦卡門的頭顱後面有血塊，而且已經產生鈣化的現象，這證實圖坦卡門遭到重擊後，不是立即死亡，而是昏昏沉沉苟延殘喘地拖了幾個月才死去，因為血塊成為鈣化現象，需要幾個月的時間，這為主張「謀殺論」的學者，提供了良好的基礎理論。

另一個有力證據是目前仍放在「土耳其博物館」，保存有二封圖坦卡門之妻——安卡珊娜曼，寫信給當時的國家死敵——西台帝國的奇怪信件。第一封寄給西台王——斯比盧流馬王，信中要求國王派遣一位王子來迎娶自己，承襲埃及帝國……要知道兩國為了地中海東部的土地，已經征戰多年，如今居然要把整個尼羅河都送給我？斯比盧流馬王當然不相信，認為這是一

件陰謀。於是派遣大臣——哈杜吉帝帶去回信，質疑這件事。14 天後，使者帶回安卡姍娜曼的第二封信，再次強調真實性！接到回信的西台王，於是派遣他的兒子「姜南查」去埃及迎娶皇后，沒想到卻在埃及邊境時，被盜匪殺害了……安卡姍娜曼不尋常動作的理由是什麼？如今三千年時間過去，恐怕永遠成謎了，不過正如小說中的福爾摩斯辦案時常說：「追查誰是最終的受益者？」……。

今日如果有幸參觀圖坦卡門之墓，當然不可錯過牆壁上的歷史重現。在壁畫中圖坦卡門已製成木乃伊，由 12 位當時的大臣與安卡姍娜曼，一起拖行載著木乃伊的聖舟前往最終之地；安卡姍娜曼走在最後、畫工將他當時的神情繪畫得至為詳細。另一面圖坦卡門的木乃伊已被豎立，舉行最後儀式……一個男子頭戴上下埃及王冠，身披豹皮（這是大祭司的特徵）手持「橫口斧」執行「開口儀式」。圖上註釋著「愛」！他在圖坦卡門死後 70 天內不但是埃及王，而且是埃及大祭司，這意味著他已掌握政、教大權！他是不是最終的受益者？

█ 黑暗黃金下的鮮花

在歷史的紀錄中「愛」終於成為法老王！但不足三年之後他也進入冥界（那時他也差不多快 70 了）輝煌的第十八王朝被一個軍人篡奪[註5]，自此滅

絕！數年之後，愛的墳墓被侵入，木乃伊被碎屍，名字被剷除。（古埃及人認為：如果木乃伊被破壞，連名字都剷除的話，那本人將永遠喪失復活的條件，因為他到不了審判廳，奧塞烈司無法讓它復活，它會永久的痛苦的活在迷失之路。）

今天我們遠赴埃及，參觀圖坦卡門之墓的時候，他的遺體是帝王谷中唯一在原地的帝王。他依然靜靜地躺在時間的灰塵中，我相信當年在封棺前，他的妻子所獻的最後祝福花朵還在棺中（當年卡特開棺時看見此花，還深深為之感動）。雖然他在世時名不見經傳，但身後卻是埃及國家的代表。泉下有知應該知足吧？可惜他的妻子的下落成為歷史之謎……我們僅知「愛」迎娶了安卡姍娜曼，但在「愛」的墓中「卡達旭」（Cartouche）繩索狀的橢圓紋飾中，已經不是她的名字，可見「愛」去世時，安卡姍娜曼也不在人間……（雖然墓中的名字已被剷去，但依據「卡達旭」的長度而言，不足以寫得下安卡姍娜曼這麼多字，但愛的元配「泰伊」的象形字卻剛好！）

註1　四層貼金木槨頂是由八十多個零件組成，雖然製作精美，擁有組合記號。但在組裝時有些零件上下顛倒、左右錯誤，因此開口東西相反。甚至有些地方是用槌頭硬敲合的，因此造成了飾紋損壞。

註2　「釋罪花環」是新王國時代開始的宗教儀式，在《死亡之書》中有專章介紹。在葬禮中，僧侶口唸咒語，同時把花環放置棺上。

註3　第二層貼金木棺與黃金棺間，傾倒了大量的油膏。這種油膏可能是由某種油脂與松香調製成（由於時間久遠已無法分析出成分），發現當時已經固化。黃金棺內也有這種油膏，將重要的物品固定住。但也由於這種油膏的化學變化，造成圖坦卡門的屍身嚴重損壞。

註4　在眾多的護身符中，圖坦卡門的木乃伊頸下的鐵質護頸架是最特別，而且獨例的護身符（鐵器在當時甚為罕見，大多取自於隕石。埃及人稱為「比加」，意謂：神的金屬）。《死者之書》第166章中曾紀錄那個護頸架的咒語：「從你的昏睡醒來吧，到時一切的不利事物，皆消失你的眼前。卜塔神已經征服你的敵人，你的敵人已經消滅了。」

註5　當時尚有一位陸軍元帥——柯林西伯（Horemheb），同樣覬覦皇位，二年多後繼「愛」為法老，是十八王朝最後一位法老。

埃及王朝年代表
Chronological table

古王國時代

第一王朝	3110BC ～ 2884BC	
第二王朝	2883BC ～ 2665BC	
第三王朝	2664BC ～ 2615BC	
第四王朝	2614BC ～ 2502BC	軒轅氏——黃帝
第五王朝	2501BC ～ 2342BC	陶唐氏——堯
第六王朝	2341BC ～ 2180BC	有虞氏——舜

第一中間期

第七王朝	2181BC ～ 2173BC	夏禹
第八王朝	2173BC ～ 2160BC	夏啟
第九王朝	2160BC ～ 2130BC	夏太康
第十王朝	2130BC ～ 2040BC	夏仲康

中王國時代

第十一王朝	2134BC ～ 1992BC	夏相
第十二王朝	1991BC ～ 1786BC	夏芒

第二中間期

第十三王朝	1785BC ～ 165?BC	夏桀
第十四王朝	1715BC ～ 165?BC	商沃丁

西克索人統治時代

第十五王朝	1652BC ～ 1544BC	商雍己
第十六王朝	165?BC ～ 1550BC	商太戊

第十七王朝	160?BC ～ 1554BC	

帝國時代（新王國時期）

第十八王朝	1554BC ～ 1304BC	商外壬
第十九王朝	1304BC ～ 1192BC	商武丁
第二十王朝	1192BC ～ 1075BC	商帝乙
第二十一王朝	1075BC ～ 940BC	西周成王
第二十二王朝	940BC ～ 730BC	西周孝王
第二十三王朝	76?BC ～ 715BC	東周平王
第二十四王朝	720BC ～ 715BC	
第二十五王朝	736BC ～ 657BC	
第二十六王朝	664BC ～ 525BC	春秋時代

第一次波斯統治期

第二十七王朝	525BC ～ 404BC	

後期王朝

第二十八王朝	404BC ～ 399BC	戰國時代
第二十九王朝	398BC ～ 379BC	
第三十王朝	378BC ～ 341BC	

第二次波斯統治期

第三十一王朝	341BC ～ 332BC	
托勒密王朝	332BC ～ 30BC	戰國時代～西漢成帝

埃及帝王世系表
Chronological table

第一王朝：西元前 3110 ～ 2884

那摩斯（米尼茲王）Narmer（Menes）

阿哈 Aha

哲爾 Djer

捷特 Djet

登 Den

阿奈吉布 Anedjib

塞米爾克特 Semerkhet

卡阿 Qaa

第二王朝：西元前 2883 ～ 2665

霍特普塞海姆威 Hotepsekhemuy

瑞內布 Reneb

尼奈特杰爾 Nineter

烏柯 Weneg

塞特 Sened

伯里布森 Peribsen

奈夫柯西卡 Neferkasokar

卡斯克摩 Khaskhem

卡斯克摩伊 Khaskhemuy

第三王朝：西元前 2664 ～ 2615

薩納赫特 Sanakhte

左塞 Djoser

舍赫門赫特 Sekhemkhet

哈奈 Huny

第四王朝：西元前 2614 ～ 2502

史奈弗汝 Snefru

奇阿普斯——古夫 Cheops–Khufu

瑞杰德夫 Redjedef

齊夫林——卡夫拉 Chephren–Khafre

巴弗 Baufre

麥凱林努斯——曼卡拉 Mycerinus–Menkaure

謝普塞斯卡夫 Shepseskaf

第五王朝：西元前 2501 ～ 2342

烏塞爾夫王 Userkaf

薩烏瑞 Sahure

奈弗里爾刻勒卡瑞 Neferirkare

謝普塞斯卡瑞 Shepseskare

奈夫瑞佛瑞 Neferefre

奈蘇瑟瑞 Niuserre

門考霍爾 Menkahor

杰德卡瑞——伊賽斯 Djedkare–Isesi

烏納斯 Unis

■ 第六王朝：西元前 2341 ～ 2180

特提 Teti

尤瑟爾卡瑞 Userkare

麥爾瑞爾──斐皮一世 Meryre–pepiI

麥倫涅瑞──邁蘭瑞一世 Merenre–MerenreI

奈菲爾克勒──斐皮二世 Neferkare–PepiII

邁蘭瑞二世 MerenreII

奈克荷里 Netikerty

■ 第七王朝：西元前 2180 ～ 2175

不明

■ 第八王朝：西元前 2174 ～ 2155

雷 Ib

奈費爾考瑞 Neferkaure

奈費爾考霍爾 Neferkauhor

奈費里卡瑞 Neferirkare

■ 第九王朝：西元前 2154 ～ 2100 ？

（位於赫拉克萊奧波利坦 Heliopolis）

麥爾瑞伊伯瑞爾 Meribre

阿可利托斯一世 KhetyI

耐伯卡胡瑞爾 Nebkaure

阿可利托斯二世 KhetyII

■ 第十王朝：西元前 2100 ？～ 2052

（位於赫拉克萊奧波利坦 Heliopolis）

奈弗爾卡瑞 Neferkare

瓦赫卡瑞 Wahkare

阿可利托斯三世 KhetyIII

麥瑞卡瑞 Merykare

■ 第十一王朝：西元前 2052 ～ 1992（位於底比斯 Thebes）

特普亞──圖荷太普一世 Tepya–MentuhotepI

塞赫爾托威──伊利奧特弗一世 Sehertawi–InyotefI

瓦罕涅赫──伊利奧特弗二世 Wahankh–InyotefII

納赫特涅布特普涅菲爾──伊利特弗三世 Nekhtnebtepnefer–InyotefIII

涅布赫伯特勒──圖荷太普二世 Sankhibtawi–MentuhotepII ※ 統一埃及

薩恩克赫刻勒──圖荷太普三世 Sankhkare–MentuhotepIII

涅布托威瑞爾──圖荷太普四世 Nebtawire–MentuhotepIV

■ 第十二王朝：西元前 1991 ～ 1786

塞赫特庇伯瑞──阿美連荷特一世 AmenemhetI

克赫帕爾卡瑞──塞努瑟特一世 SenusertI

努布考勒──阿美連荷特二世 AmenemhetII

卡克赫拍瑞──塞努瑟特二世 SenusertII

克拉卡庫拉——塞努瑟特三世 SenusertIII

捷馬勒——阿美連荷特三世 AmenemhetIII

馬克赫茹勒——阿美連荷特四世 AmenemhetIV

塞拜克卡勒——塞拜克奈夫魯 Sebeknefru

■ 第十三王朝：西元前 1785 ～ 1650 ？（位於孟斐斯 Memphis）

韋蓋夫

阿美連荷特五世

哈奈德哲里歐泰夫

阿門尼克茂

瑟貝克霍特普一世

霍爾

阿美連荷特六世

瑟貝克霍特普二世

肯杰爾

賽克赫姆瑞賽瓦捷托威利瑟貝克霍特普三世

克哈瑟克赫姆瑞奈費爾霍特普一世

麥爾亞安克瑞瑟貝克霍特普四世

瑟貝克霍特普五世

阿伊

門圖恩姆薩夫

德都摩斯二世

奈費爾霍特普三世

■ 第十四王朝：西元前 1715 ？～ 1650 ？（位於霍伊斯）

不明

■ 第十五王朝：西元前 1652 ～ 1544

（位於阿瓦利斯 Avaris）※ 西克索人建立

麥耶伯瑞塞什

麥茹塞爾瑞亞庫伯赫爾

賽蘇瑟瑞涅瑞克奄 Khyan

阿蘇瑟瑞──阿波斐斯一世 ApophisI

阿昆涅勒爾──阿波斐斯二世 ApophisII

■ 第十六王朝：西元前 1650 ？～ 1550 ？

※ 西克索人在中埃及建立的附庸國

謝希

凱恩

阿佩皮

卡穆迪

■ 第十七王朝：西元前 1600 ？～ 1554（位於底比斯 Thebes）

※ 埃及政權共十四位君王

不明

因托特夫七世 InyotefVII

塞貝肯姆薩夫一世

內拜瑞伊勞

塞貝肯姆薩夫二世

賽納克坦瑞．泰奧一世 SenekhtenreTaoI

塞肯拉．泰奧二世 Seqenre.TaoII

瓦捷克波瑞──卡莫斯 Wadjkheperre–Kamos

■ 第十八王朝：西元前 1554 ～ 1304

涅布帕特亞勒阿莫斯 Ahmose

捷瑟爾卡爾瑞阿蒙荷特普一世 AmenhotepI

阿克赫帕爾克瑞圖特摩斯一世 ThutmoseI

阿克赫帕瑞涅爾圖特摩斯二世 ThutmoseII

瑪卡瑞哈特謝普蘇特 Hatsheput

曼克赫帕瑞──圖特摩斯三世 Menkheperre–ThutmoseIII

哈克赫普茹爾──阿蒙荷特普二世 Akheperure–AmenhotepII

曼克赫普茹爾──圖特摩斯四世 Mkheperure–ThutmoseIV

耐伯瑪瑞阿蒙荷特普三世 AmenhotepIII

涅弗爾卡──阿蒙荷特普四世

Ikhnaton–AmenhotepIV（阿肯那唐）Akhenaten

安克赫克赫普魯勒賽姆涅克卡瑞 Semenkhkare

內克浦如瑞──圖坦卡門 Nkhesenamen–Tutankhamun

克赫帕爾克赫茹爾──愛 Kheperkheperure–Ay

捷瑟爾克赫普茹爾──霍倫希布 Djeserkheperure–Horemheb

第十九王朝：西元前 1304 ～ 1192

曼伯赫泰勒——拉姆西斯一世 Menpehtyre-RamsesI

曼瑪勒——塞提一世 Menmaatre-SetiI

尤賽爾瑪勒——拉姆西斯二世 Usermaatre-RamsesII

巴恩勒——邁爾奈普塔 Baenre-Merneptan

曼涅米瑞——阿蒙麥西斯 Amenmesses

尤塞爾克赫普茹爾——塞提二世 Userkheperure-SetiII

斯普塔 Siptah

塔沃斯瑞特王后 TausertQueen

第二十王朝：西元前 1192 ～ 1075

尤賽爾克哈烏爾——塞特納克赫特 Setnakht

尤賽爾瑪瑞——麥爾亞阿蒙——拉姆西斯三世
Usermaatre-meriamun-RamsesIII

赫昆瑪瑞——拉姆西斯四世 Ramses IV

尤賽爾瑪瑞——拉姆西斯五世 Usermaatre-Ramses V

涅布瑪瑞——拉姆西斯六世 Nebmaatre-RamsesVI

尤賽爾瑪瑞——拉姆西斯七世 Usermaatre-RamsesVII

尤賽爾瑪瑞——拉姆西斯八世 Usermaatre-RamsesVIII

涅弗爾卡瑞——拉姆西斯九世 Neferkare-RamsesIX

克赫帕爾瑪瑞——拉姆西斯十世 Khepmaatre-Ramses X

曼瑪瑞——拉姆西斯十一世 Menmaatre-RamsesXI

■ **第二十一王朝：西元前 1075 ～ 940**（位於塔尼斯 Tanis）

赫捷克赫帕爾瑞——尼斯巴涅伯弟德——史曼德斯 Smendes

奈費爾卡瑞斯 Neferkheres

哈克赫帕爾——帕蘇塞涅斯一世 PsusennesI

阿門能姆尼蘇 Amenemope

阿薩和 Osokhor

希阿蒙 Siamon

帕蘇塞涅斯二世 PsusennesII ※ 底比斯大祭司政權中後期另成立 23 王朝

荷里霍爾

帕雅勒克

賓努捷姆一世

瑪薩荷塔

曼克赫帕瑞爾

賓努捷姆二世

帕蘇塞涅斯三世

■ **第二十二王朝：西元前 940 ～ 730**（位於塔尼斯 Tanis 利比亞人建立）

赫捷克赫帕爾瑞舍順克一世 SheshonkI

歐索爾康一世 OsorkonI

塔克路捷斯一世 TakelotI

尤瑟爾瑪瑞歐索爾康二世 OsorkonII

舍順克二世 SheshonkII

塔克路捷斯二世 TakelotII

舍順克三世 SheshonkIII

帕米 Pami

舍順克四世 SheshonkIV

第二十三王朝：西元前 761 ～ 715

派伯斯特 Pedibast

舍順克五世 SheshonkV

歐索爾康三世 OsorkonIII

塔克路捷斯三世 TakelotIII

阿蒙瑞德 Amenrud

歐索爾康四世 OsorkonIV

第二十四王朝：西元前 725 ～ 710（位於賽斯 Sais）

塔夫那克赫特 Tefnakht

巴肯瑞內夫 Bocchoris

第二十五王朝：西元前 736 ～ 657 ※努比亞人建立【納帕坦王朝】

卡斯塔 Kashta

皮安克希（皮耶）Piankhi

耐弗爾卡瑞——沙巴卡 Shabaka(Shabaqo)

捷德卡烏瑞——謝比特庫 Shabataka(Shebitqo)

庫耐弗爾特姆瑞——塔哈卡 Taharka(Tirhakah)

巴卡瑞——坦努塔姆 Tanutamon(Tanwetamani)　※ 納帕坦王朝撤出埃及之後，回到上埃及地區，維持至西元 340 年才滅亡。

第二十六王朝：西元前 664 ～ 525

瓦希伯瑞——薩美提克一世 PsamtikI

畏赫米伯瑞——尼科二世 NechoII

耐弗瑞伯瑞——薩美提克二世 PsamtikII

海伯瑞——瓦希伯瑞阿普里斯 Apries

克耐米伯瑞——阿摩西斯二世阿馬西斯 Amasis

安克赫卡安瑞——薩美提克三世 PsamtikIII

第二十七王朝：西元前 525 ～ 404　※ 波斯人建立

甘比西士 Cambyses

大流士一世 DariusI

克謝爾克謝斯 XerxesI

阿爾塔克瑟謝斯一世 ArtaxerxerI

大流士二世 DariusII

第二十八王朝：西元前 404 ～ 398

阿米爾泰烏斯 Amenertais

第二十九王朝：西元前 398 ～ 378

奈費里特斯一世 NepheritesI

穆提斯 Mouthis

薩穆特 Psamut

哈寇爾斯 Hakoris

奈費里特斯二世 NepheritesII

■ 第三十王朝：西元前 378 ～ 341

克赫帕瑞卡瑞奈克塔內博一世 NectaneboI

杰德霍爾 Djedher

斯涅捷米伯瑞奈克塔內博二世 NectaneboII

■ 第三十一王朝：西元前 341 ～ 332　※波斯人再次建立

奧喬斯——阿爾塔克瑟謝斯三世 ArtaxerxerIII

阿爾賽斯 Arese

大流士三世 DariusIII

■ 托勒密王朝：332 ～ 30

索特——托勒密一世 Soter–PtolemyI

菲臘德勒夫斯——托勒密二世 Philadelphus–PtolemyII

埃烏爾太斯——托勒密三世 Euergetes–PtolemyIII

菲勞帕陶瑞——托勒密四世 Philoptor-PtolemyIV

埃庇發涅斯——托勒密五世 Epiphanes-PtolemyV

菲特米陶瑞——托勒密六世 Philometor-PtolemyVI

耐歐斯菲勞帕陶瑞——托勒密七世 NeosPhiloptor–PtolemyVII

埃烏爾太斯──托勒密八世 EuergetesPtolemyVIII

索特──托勒密九世 Soter-PtolemyIX

亞歷山大──托勒密十世 Alexander-PtolemyX

亞歷山大──托勒密十一世 Alexander-PtolemyXI

阿烏列鐵斯──托勒密十二世 AuletesPtolemyXII

西德斯菲勞帕陶瑞──托勒密十三世 TheosPhilopatorPtolemyXIII

西德斯菲勞帕陶瑞──托勒密十四世 TheosPhilopatorPtolemyXIV

凱撒──托勒密十五世 CaesarionPtolemyXV

（Ptolemtphilopatorphilometorcaesar）

※ 以上年代、人物資料取自大美百科全書

人文旅遊 3028

法老王傳奇

作　　者──吳駿聲
編　　輯──王克慶
封面設計──果實文化設計工作室
內頁設計──李宜芝
董 事 長
總 經 理 ──趙政岷

出 版 者─時報文化出版企業股份有限公司
　　　　　10803 台北市和平西路三段240號7樓
　　　　　發行專線─ (02) 23066842
　　　　　讀者服務專線─0800231705
　　　　　　　　　　　 (02) 23047130
　　　　　讀者服務傳真─ (02) 23046858
　　　　　郵撥─19344724時報文化出版公司
　　　　　信箱─台北郵政79-99信箱
時報悅讀網─ http://www.readingtimes.com.tw
法律顧問─理律法律事務所 陳長文律師、李念祖律師
印　　刷─華展彩色印刷股份有限公司
初版一刷─2016年01月29日
定　　價─新台幣380元

國家圖書館出版品預行編目資料

法老王傳奇／吳駿聲 著. -- 初版. -- 臺北市：時報文化, 2016.01
　面；　公分. --（人文旅遊；3028）

ISBN 978-957-13-6525-1（平裝）

1.旅遊　2.埃及

761.09　　　　　　　　　　　　　　　104028853

ISBN 978-957-13-6525-1
Printed in Taiwan